Hochsensibel

Ich habe eine Gabe!
Die Kunst der besseren Wahrnehmung
bei HSP.

Sophie Klar

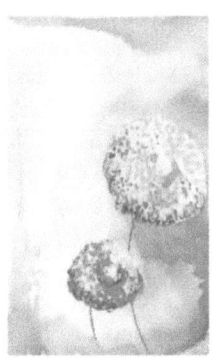

Rechtliches und Impressum

© Sophie Klar, 1. Auflage 2024
Kontakt: Piok & Dobslaw GbR, Alte Str. 3, 56072 Koblenz
onlybooks@gmx.de
Covergestaltung: Fiverr.com
Coverfoto: Depositphotos.com
Fotos im Buch: Lizenzen gekauft bei Depositphotos.com
Druck und Distribution im Auftrag :
tredition GmbH, Heinz-Beusen-Stieg 5, 22926 Ahrensburg, Germany
ISBN Taschenbuch: 978-3-384-12729-7
ISBN Hardcover: 978-3-384-12730-3
ISBN Ebook: 978-3-384-12731-0

Inhalt

Hochsensibel

Ich habe eine Gabe!
Die Kunst der besseren Wahrnehmung bei HSP.

Sophie Klar

1. Einleitung

Liebe Leserin, lieber Leser,

in diesem Buch soll es darum gehen, das Thema Hochsensibilität kennenzulernen. Hochsensible Personen (highly sensitive person, kurz: HSP) bewegen sich mitunter jahrelang durch dieses weit gefächerte Feld und lernen Schritt für Schritt, mit ihrer Begabung zu leben und das Beste daraus zu machen.

Es ist schlicht unmöglich, durch nur ein Buch alle Aspekte zu entdecken und ab sofort immer genau zu wissen, was im eigenen Leben los ist. Was dieser Ratgeber aber kann, ist, Ihnen einen Überblick zu verschaffen, Sie an das Thema Hochsensibilität heranzuführen und mögliche Lösungswege für Probleme aufzuzeigen. Resilienz ist in diesem Zusammenhang ein wichtiges Stichwort, um das es auf den folgenden Seiten immer wieder gehen wird. Wer resilient ist, kann sich selbst helfen, der weiß, wie er seinen ganz individuellen Alltag so gestaltet, dass die Akkus nie leerlaufen. Hilfe zur Selbsthilfe – das ist der Anspruch dieses Buches.

Lassen Sie uns gleich einsteigen und sehen, was es mit dem Begriff der Hochsensibilität eigentlich auf sich hat und wie Sie Ihre eigene Resilienz steigern können!

2. Hochsensibilität

Hochsensibilität ist keine Krankheit. So lautet die gute Nachricht – nur, um Sie gleich im Vorfeld zu beruhigen. Und um die Tendenz aufzuzeigen, die in diesem Buch auf Sie wartet: Hochsensibilität darf als Potenzial verstanden werden, als Besonderheit, die unendlich viele Möglichkeiten bietet.

Wichtig ist auch, die eigene Hochsensibilität zu entdecken, zu akzeptieren und dazu zu stehen. Wer nicht weiß, dass er hochsensibel ist, der wundert sich womöglich immer wieder über die eigenen Empfindungen, Wahrnehmungen und Gefühle und hat schnell den Eindruck, „irgendwie falsch" zu sein. Sie dürfen sich also nun darauf einlassen – wenn Sie möchten – Stückchen für Stückchen zu entdecken, was Hochsensibilität ausmacht und inwiefern die aufgelisteten Symptome zu Ihnen und Ihrer Persönlichkeit passen.

Rund 20% der Bevölkerung hierzulande werden als hochsensibel eingestuft, und vielleicht gehören auch Sie zu dieser Gruppe Menschen, die psychisch, neuronal und physisch mehr empfinden als die meisten anderen. Interessant ist das Thema aber auch dann, wenn Ihnen nahestehende Personen hochsensibel sind, denn der Umgang mit „komischen" Reaktionen wird deutlich vereinfacht, wenn klar ist, dass Ihr Gegenüber eine Fähigkeit hat, auf die Sie nicht zugreifen können.

Da Hochsensibilität kein medizinisch relevanter Begriff, sondern reine Umgangssprache ist, fehlt die eindeutige Definition in Fachkreisen. Das ist natürlich schade und macht die Entdeckungsreise etwas schwieriger.

Allerdings gibt es viele Therapeuten und HSP, die ihre Erkenntnisse und Erfahrungen mit ihrer Umwelt teilen.

Aufgrund dessen finden Sie im Internet mehrere Tests, die Ihnen innerhalb von ein paar Minuten dabei helfen, klarer zu sehen. Besonders möchte ich Ihnen den Fragebogen von Diplom-Psychologin Sylvia Harke empfehlen, den Sie auf der Website www.hsp-academy.de finden.

Ein kleiner Input noch, bevor wir mit der Entdeckungsreise starten: Machen Sie sich gerne immer wieder bewusst, dass allein das Wort „Hochsensibilität" suggeriert, dass mit der betreffenden Person etwas nicht stimme.

Der Begriff selbst zeigt, dass von „normaler" (sprich: gesunder) Sensibilität abgewichen wird. In unserer Gesellschaft ist es gängige Denkpraxis, dass die Mehrheit der Menschen als Grundlage zur Bestimmung der Norm dienen. Insofern macht es Sinn, Menschen, die mehr spüren als die meisten anderen, als hochsensibel zu bezeichnen.

Es könnte aber auch sein, dass die meisten Menschen heutzutage abgestumpft sind und eigentlich das intensive Spüren innerer und äußerer Einflüsse normal – also gesund – ist.

Es geht an dieser Stelle nicht darum, Menschen ohne Hochsensibilität irgendeines „Fehlers im System" zu bezichtigen – Gott bewahre. Es geht ausschließlich darum, auch einen anderen Blickwinkel zuzulassen und sich dafür zu öffnen, dass Hochsensibilität nichts Verrücktes, Komisches oder Behandlungsbedürftiges ist.

Die Herangehensweise an ein solch tiefgreifendes Thema ist essentiell für den eigenen Umgang damit. Zum Vergleich: in unseren Supermärkten ist es gängige Praxis, Lebensmittel, die unter biologischen und ökologischen Prozessen hergestellt wurden, als solche zu deklarieren.

Hier entsteht der Eindruck, „Bio-Lebensmittel" seien etwas Besonderes, denn sie werden besonders hervorgehoben. Wäre es nicht logischer, alle Lebensmittel, die auf unnatürliche Weise und unter Zuhilfenahme chemischer Zusatzstoffe hergestellt wurden, als solche zu bezeichnen? Möglich – aber wir entscheiden uns dafür, das Gesunde, Natürliche, „Normale" als etwas Besonderes darzustellen.

Verstehen Sie, was ich meine? Können Sie sehen, dass es einzig darum geht, von welcher Seite aus man die Dinge betrachtet? Ich denke, dass der eigene Blickwinkel wahnsinnig viel verändern kann und dass es immer mehrere Arten gibt, die Dinge zu bewerten.

Schauen wir uns nun aber die häufigsten Aspekte von Hochsensibilität (und ich bleibe natürlich bei diesem Wort) genauer an. Dabei ist es unerheblich, ob ausnahmslos alle Symptome auf Sie zutreffen. Hochsensibilität kann sich durchaus in unterschiedlichen Teilaspekten einer Persönlichkeit zeigen, und bei je mehr Punkten sie gleich ein „Aha!"-Erlebnis haben werden, desto wahrscheinlicher ist, dass sie zu den HSP gehören.

Genauso möglich ist aber auch, dass sie nur in einem bestimmten Punkt hochsensibel reagieren – und auch das hat seine Berechtigung. Zum besseren Verständnis und damit Sie die theoretischen Ausführungen praktisch einordnen können, finden Sie unter jedem Punkt mögliche Beispiele aus dem Alltag – vielleicht erkennen Sie sich darin wieder.

Äußere Sinneseindrücke

Hochsensible Personen (HSP) verfügen über feinere Sinneseindrücke, nehmen äußere Reize also besonders intensiv wahr. Sie riechen schneller und intensiver als andere, welche Gerüche in der Luft liegen. Sie sehen genauer hin und nehmen Details wahr, die anderen Menschen verborgen bleiben.

Sie spüren intensiver und empfinden dadurch schneller Schmerz, Kälte, Wärme oder andere Eindrücke bei Hautkontakt. Auch die Ohren sind geschärft und hören Dinge, die andere nicht oder nur leise wahrnehmen. Ihr Geschmackssinn ist ebenso feiner eingestellt, wodurch HSP ziemlich genau herausschmecken, ob Lebensmittel verdorben sind oder welche Komponenten in einem Gericht zusammengefasst wurden.

Alltagsbeispiele

Riechen:
Tanja riecht sofort, ob ihr Gegenüber eine Zigarette geraucht hat. Häufig spürt sie auch das dringende Bedürfnis, dass Fenster und Türen zum Lüften geöffnet werden „müssen", weil die Luft im Raum „stinkt" oder „zu dick" ist. Auch Düfte werden von Tanja schnell als unangenehm bewertet.

Sehen:
Ralf nimmt sofort wahr, ob sein Gegenüber eine Brille trägt oder mit einem Bein hinkt. Er sieht sofort, wenn sich die Farbe eines Gegenstandes verändert hat.

Tasten:

Wenn ein nichthochsensibler Mensch hinfällt oder sich an einem Gegenstand stößt, verspürt er kurz Schmerz, der schnell wieder vergessen ist. Gerda nimmt die körperliche Reaktion jedoch viel stärker wahr und leidet unter ihren Schmerzen, zudem bekommt sie schneller blaue Flecken oder Ähnliches. Gerda friert und schwitzt außerdem auffallend schnell.

Hören:

Harry liegt im Bett und kann nicht einschlafen, weil er die Schritte der über ihm lebenden Nachbarn so deutlich wahrnimmt, dass er diese als laut bezeichnen würde. Auch Musik wird von ihm ab einem recht niedrigen Level als unerträglich laut wahrgenommen und muss gedämpft werden. Der Reflex, sich die Ohren zuzuhalten, kommt bei Harry oft vor.

Schmecken:

Sandra ist beim Essen etwas vorsichtig, denn Gerichte werden von ihr schnell als verwürzt oder versalzen wahrgenommen. Es gibt einige Restaurants in ihrem Ort, die sie nicht mehr besuchen will, da ihr das Essen dort nicht geschmeckt hat.

Innere Sinneseindrücke

Auch die inneren Sinneseindrücke werden verstärkt wahrgenommen. So können HSP Schmerzen sehr intensiv spüren, sie merken auch sehr schnell, ob sich eine Erkältung oder andere Krankheiten anbahnen.

Alltagsbeispiel

Es bahnen sich Kopfschmerzen an und Herbert spürt diese schon im Anfangsstadium. Weiterzuarbeiten oder den restlichen Tag so herumzubringen, wie er geplant war, fällt ihm dann schwer, da die Beeinflussung durch den körperlichen Schmerz hoch ist.

Stressempfinden

HSP verfügen über ein erhöhtes Stressempfinden. Dies kann sich in der Schnelligkeit zeigen, in der eine Situation als stressig wahrgenommen wird, als auch in der Intensität, in der Stress eine Person beeinflusst.

Alltagsbeispiel

Ludwig geht durch eine gut besuchte Fußgängerzone am Samstagnachmittag. Nach zehn Minuten hat er das dringende Bedürfnis, sich zurückzuziehen und eine Nische oder Gasse zu finden, in der er „verschnaufen" kann.
Hilde und Stefan bestreiten eine gemeinsame Schicht in ihrem Job. Nach einem Notfall, in dem schnell und mit voller Konzentration gehandelt werden musste, ist Hilde fix und fertig, während Stefan sich vom eben erlebten Stress nicht sonderlich beeindruckt zeigt und einfach weiterarbeitet.

Ansprüche und Selbstkritik

HSP haben hohe Ansprüche an sich selbst und ihre Umwelt. Die Diskrepanz zwischen Wertekonstrukt und Realität führt zu innerem Stress und negativen Gefühlen wie Wut, Traurigkeit, Aussichtslosigkeit.

Alltagsbeispiel

Sabine möchte immer ehrlich, freundlich und zuvorkommend mit ihren Mitmenschen umgehen. Schafft sie dies nicht, vielleicht weil sie in einer Stresssituation überfordert war, fühlt sie sich schuldig und minderwertig.
Gewalt, Leistungsbezogenheit, Ungerechtigkeit oder Oberflächlichkeit in der Gesellschaft sind für Sabine kaum zu ertragen. Sie spürt sofort, wenn ein Mitmensch unterschwellig aggressiv ist, oder dass gerade jemand ungerecht behandelt wird. Dies auszuhalten fällt ihr äußerst schwer und sie zieht sich zurück - oder versucht schnell, die Lage wieder zu entspannen und Frieden herzustellen.

Sensibilität gegenüber Medizin

HSP reagieren stark auf Medikamente und neigen zu Allergien gegen Medikamente oder Lebensmittel.

Alltagsbeispiel

Mögliche Nebenwirkungen von Medikamenten tauchen bei Katja regelmäßig auf. Sie bekommt Magenschmerzen oder Hautausschläge, häufig benötigt sie auch eine geringere Dosierung als Menschen mit vergleichbarer Konstitution.

Empathie

Hochsensible sind äußerst empathisch und spüren genau, wie sich ihr Gegenüber gerade fühlt. Sie sind in der Lage, Show und Realität deutlich voneinander zu trennen.

Alltagsbeispiel

Ein Freund kommt in den Raum und lächelt, macht einen Scherz und gibt sich lässig. Die meisten Umstehenden lachen mit und steigen darauf ein. Martin sieht zwar das Lachen und die zur Schau gestellte Lockerheit, spürt aber gleichzeitig, dass „irgendetwas nicht stimmt". Im anschließenden Gespräch wird klar, dass der Freund tatsächlich gerade Ärger zuhause hat und sich mies fühlt.

Großes Gefühlsleben

Menschen mit Hochsensibilität empfinden ihre Gefühle als äußerst stark und bekommen schnell den Eindruck, ihnen ausgeliefert zu sein. Ihr Gefühlsleben ist sehr lebendig. Außerdem fehlt ihnen das häufig beschworene „dicke Fell", wenn ihre Mitmenschen sie mit deren Gefühlen konfrontieren.

Alltagsbeispiel

Axel fühlt sich glücklich und zufrieden. Er trifft beim Einkaufen jemanden aus seinem beruflichen Umfeld, der richtig schlecht gelaunt und miesepetrig drauf ist. Dieses Gefühl trifft Axel mit voller Wucht, er fühlt sich davon in seiner eigenen Stimmung beeinträchtigt und kann sich kaum abgrenzen.

Die vorherige Freude und Leichtigkeit wurden von ihm ebenso intensiv erlebt, wie die sich dann einstellende Beklemmung.

Abstand

Hochsensible brauchen dringend Zeiten für sich allein.

Alltagsbeispiel

Nach einem langen Arbeitstag sehnt sich Cornelia nur noch danach, allein zu sein und keine äußeren Reize mehr aufnehmen zu müssen. Eine warme Badewanne und ein bisschen Pianomusik reichen ihr vollkommen aus, nur dadurch werden ihre Akkus wieder aufgetankt. Freunde reagieren mitunter verwundert über ein so häufiges Bedürfnis nach dem Alleinsein.

Offene Gedankenwelt

Hochsensible Menschen denken viel nach und waren häufig als Kind schon philosophischen Fragen gegenüber sehr aufgeschlossen.

Alltagsbeispiel

Der Sinn des Lebens, das Verständnis für eigene Verhaltensmuster, das Durchdringen komplexer Vorgänge, oder Überlegungen, die weit in die Zukunft oder Vergangenheit reichen, sind typisch für Bernd. Er denkt gerne nach und bewegt philosophische Gedanken hin und her. Es fällt ihm außerdem leicht, sich auf eine Sache zu konzentrieren und ihr stundenlang nachgehen.

Wenn Sie sich in diesen Beschreibungen wiederfinden und gerade beim Lesen damit beschäftigt waren, heftig zu nicken, dann ist die Chance, dass sie zu den hochsensiblen Menschen gehören, sehr groß. Grundsätzlich lässt sich Hochsensibilität schnell und knackig zusammenfassen: intensive Wahrnehmung im Innen und Außen, starke Reaktion auf Einflüsse, Tendenz zur Introvertiertheit.

3. Hochsensitivität, Vulnerabilität und Trauma

Es ist wichtig, Hochsensibilität von Hochsensitivität und Vulnerabilität zu unterscheiden. Häufig verschwimmen diese drei Begriffe miteinander, was zu einigen Irritationen und Missverständnissen führen kann. Besonders der bereits genannte englische Begriff der „highly sensitive person" kann schnell dazu beitragen, dass wir im Deutschen, Sensibilität mit Sensitivität verwechseln.

Hochsensible Menschen nehmen mit ihren fünf Sinnen intensiver als andere wahr, was um sie herum geschieht. Außerdem sind sie mit einer ausgeprägten Empathie ausgestattet, wodurch sie sich sehr gut in das Gefühlsleben ihrer Mitmenschen einfühlen und darauf reagieren können.
Hochsensitive Menschen dagegen sind in der Lage, nichtweltliche Vorkommnisse wahrzunehmen. Häufig haben sie einen „guten Draht nach oben" und sehen oder hören Dinge, die allen anderen verborgen bleiben.

Viele hochsensitive Personen sind hochsensibel, allerdings ist diese Korrelation nicht zwingend der Fall. Es ist gut möglich, außerweltliche Wahrnehmungen zu haben, aber im alltäglichen Leben stabil und resistent gegenüber Reizen und Stress zu sein. Andersherum können Hochsensible auch hochsensitiv sein – wieder sprechen wir hier nicht von einem Muss.
Alles ist möglich.

Für Hochsensitive ist es wichtig, sich mit dieser ganz besonderen Begabung auseinanderzusetzen und sich darüber klar zu werden, dass sie nicht verrückt sind oder unter Halluzinationen leiden. Vorahnungen, die sich wenig später bewahrheiten, oder Kontakt zu außerweltlichen Wesen mögen für manche Menschen purer Wahnsinn sein, doch Hochsensitive wissen, dass es diese Verknüpfungen in eine andere Welt tatsächlich gibt.

Vielleicht haben auch Sie schon Bekanntschaft mit einer medialen Person gemacht? Gesundbeter, Menschen, die mit Verstorbenen kommunizieren können, oder Personen, die die Aura ihres Gegenübers wahrnehmen, sind relativ weit verbreitet. Vielleicht haben Sie auch schon selbst Wahrnehmungen gehabt, die Sie stutzig werden ließen: War da gerade jemand in der Ecke des Wohnzimmers?
Habe ich nicht gerade eine Stimme aus der Küche gehört? – Fragen, die viele Menschen kennen, von denen sie jedoch niemals Freunden erzählen würden. Zu groß ist die Angst, als verrückt abgestempelt zu werden. „Jetzt dreht sie völlig durch…" – diese Reaktion kann einem tatsächlich entgegenschlagen. Hier gilt es, genau hinzuschauen, sich gegebenenfalls mit einer vertrauenswürdigen und seriösen Person auszutauschen und herauszufinden, ob Sie selbst hochsensitiv sind oder es sich bei Ihrer Wahrnehmung um einen Zufall gehandelt hat.

Bei aller Offenheit gilt aber selbstverständlich: Seien Sie kritisch, hinterfragen Sie Aussagen und Handlungen eines Mediums. Es gibt unter den medial veranlagten Menschen durchaus Scharlatane, die der eigenen Psyche erheblich schaden können oder schlichtweg darauf aus sind, Geld zu verdienen.

Kommen wir nun zur Vulnerabilität. Dieser schöne Begriff wird mitunter auch von Fachpersonal mit Hochsensibilität verwechselt. Ganz überraschend ist dies nicht, denn für vulnerable Personen gelten ähnliche Indizien wie für Hochsensible. In der Psychologie bezeichnet Vulnerabilität eine erhöhte Verletzlichkeit und Störungsanfälligkeit – sowohl psychisch als auch körperlich.

Ganz normal ist, dass es in jedem menschlichen Leben vulnerable Phasen gibt, denken wir nur an die Pubertät. Ein Teenager ist wesentlich stärker gefährdet, psychische Dysbalancen zu entwickeln oder sich selbst Schaden zuzufügen als eine mitten im Leben stehende Person. Und hier finden wir die Parallelen: HSP sind ebenfalls sehr empfänglich für äußere Reize, für Schwierigkeiten im Leben, für innere Schwankungen. Dies verbindet sie mit vulnerablen Personen. Doch die Unterschiede sind ebenso deutlich erkennbar (wenn man genau hinschaut):

- vulnerable Menschen neigen dazu, Routinen als sehr langweilig wahrzunehmen und meiden diese deshalb. HSP brauchen geradezu Routinen im Alltag.

- Menschen, die als vulnerabel bezeichnet werden, haben kaum Angst und begeben sich schnell in Situationen, die eine erhöhte Gefahr darstellen. Hochsensible meiden genau diese Bereiche.

- Vulnerable Personen zeichnen sich unter anderem dadurch aus, dass sie eher wenig Empathie für ihre Mitmenschen empfinden. Dass dies das exakte Gegenteil von Hochsensiblen ist, muss hier nicht extra erwähnt werden, oder?!

- Vulnerable Menschen fallen ihren Mitmenschen häufig als aggressiv, impulsiv und/oder körperlich sehr aktiv auf. Auch hier tendieren Hochsensible in genau die andere Richtung.

Beim Ansehen dieser Punkte wird ziemlich schnell klar, dass es einen deutlichen Unterscheid zwischen vulnerablen und hochsensiblen Menschen gibt, nicht wahr?! Sehen Sie sich beides gut an und prüfen Sie dann, welche Beschreibungen eher zu Ihnen passen und wo Sie sich angesprochen fühlen.

Des Weiteren ist es an dieser Stelle wichtig, dass wir uns auch das Thema Trauma etwas genauer ansehen. Vielleicht haben Sie sich beim Durchlesen der Definition von Hochsensibilität schon gedacht, dass es hier einige Parallelen zum Trauma gibt. Und dies ist tatsächlich auch der Fall – obgleich Wissenschaftler und Ärzte sich uneins darüber sind, ob Hochsensibilität nicht doch ein angeborener Wesenszug ist. Doch erhöhte Vorsicht, die Tendenz zu Verstrickungen mit der Außenwelt, die Vorliebe fürs Alleinsein und andere Symptome legen nahe, dass Trauma und Hochsensibilität etwas miteinander zu tun haben könnten.

Klar ist, dass Hochsensibilität Traumata begünstigen kann. Wer besonders empfindsam ist, der wird auch schneller von einem Ereignis traumatisiert. Das schockierende Erlebnis und die damit verbundenen Gefühle werden abgespalten, denn sie erscheinen der betroffenen Person als nicht auszuhalten.

Andersherum ist logisch nachvollziehbar, dass traumatisierte Menschen eine höhere Empfindsamkeit haben als andere.

Das Bedürfnis, sich selbst zu schützen, und die abgespeicherte Wahrheit, dass das Leben (oder Beziehungen) gefährlich ist, wirken auf unbewusster Ebene und lassen den Betroffenen dauerhaft alle Antennen auf Empfang stellen. Sie sehen:

Die beiden Phänomene liegen nah beieinander. Ob Hochsensibilität nun angeboren ist oder nicht, wird die Wissenschaft noch herausfinden müssen. Es ist jedoch wichtig, falls Sie gerade in der Phase stecken, nicht genau zu wissen, ob sie hochsensibel sind, etwas genauer hinzusehen: Könnte hinter Ihren Empfindungen ein altes, verstecktes Trauma stecken?

Sollte dem so sein, dürfen Sie beim Umgang mit sich selbst besonders liebevoll sein und nicht zu viele Veränderungen in kürzester Zeit von sich erwarten.

4. Hochsensibilität bei Kindern

Auf hochsensible Kinder treffen die oben genannten Beispiele ebenso zu, wie auf Erwachsene: Empfindsamkeit gegenüber äußeren und inneren Reizen, starke Emotionalität, ein erhöhtes Stressempfinden. Es gibt jedoch einen Unterschied, der für Eltern und andere Begleiter eines Kindes äußerst wichtig ist und nicht aus den Augen verloren werden darf: Kinder sind abhängige Wesen. Sie sind nicht in der Lage – vor allem, wenn sie noch ganz klein sind – selbst für sich zu sorgen. Ein Erwachsener kann das, selbst wenn er sich darin zunächst üben muss. Kinder benötigen wache, aufgeschlossene Bezugspersonen, die sie wahrnehmen und dafür sorgen, dass es dem Kind gutgeht.

Haben Sie Kinder? Wenn ja, hatten Sie schon einmal das Gefühl oder den Impuls, Ihr Sprössling könnte hochsensibel sein? Es gibt verschiedene Möglichkeiten, wie sich hochsensible Kinder ihrer Außenwelt zeigen. Hier einige Beispiele aus dem Alltag:

Eine Truppe Kinder spielt draußen auf der Straße. Edda sitzt ganz allein am Fenster und beobachtet – vielleicht sogar stundenlang – was draußen vor sich geht. Sie möchte nicht mitspielen, bleibt lieber in der sicheren Umgebung des Hauses.
Nach einiger Zeit, wenn die Situation eine andere ist, sagt Edda aus dem Nichts heraus: „Mama, der Tobi haut immer gleich den Lars, wenn der etwas sagt. Und Anton ist traurig.". Hier wird deutlich, wie intensiv das Kind beobachtet, wie sehr es Informationen abspeichert und wie bewegt es von den Eindrücken ist.

Alle Kinder im Kindergarten spielen zusammen Kaufmannsladen oder sitzen bei der Erzieherin in der Puppenecke.

Lukas macht es sich allein in einer ruhigen Ecke gemütlich und fädelt Perlen auf oder malt ein Bild nach dem anderen. Hier bleibt er so lange sitzen, bis alle Kids zusammengetrommelt werden, beispielsweise weil die Mittagspause anfängt.

Paula hat nur einen oder zwei Freunde, mit allen anderen Kindern um sie herum kann sie nicht viel anfangen. Diese Situation zieht sich über Jahre durch. Die Konzentration auf wenige Freunde ist typisch, diese Beziehungen sind dann aber äußerst robust und von viel freundschaftlicher Zuneigung geprägt.

Simon kommt wissbegierig und neugierig in die Schule, nach einigen Monaten fällt den Eltern aber auf, dass seine Leistungen und der Wunsch zu lernen enorm abnehmen. Simon selbst gibt an, nicht mehr in die Schule gehen zu wollen, weil es dort so laut sei. Außerdem ist er überfordert vom Druck des Lernpensums und schafft es nicht, alle Anforderungen der Lehrer an Leistung und Anpassung zu erfüllen.

Elisas Mutter macht die Erfahrung, dass es kaum angemessene Kleidung für ihr Kind gibt. Immer zwickt eine Hose, Knöpfe stören so sehr, dass das Kleidungsstück nicht getragen wird, jeder Pulli ist zu eng, die Schuhe drücken und eine Mütze auf dem Kopf ist sowieso kaum zum Aushalten – ganz abgesehen von Haarspangen. Elisa fühlt sich in den meisten Klamotten eingeengt. Vielleicht reagiert sie sogar auf bestimmte Stoffe allergisch, weswegen ihre Mutter beim Kauf neuer Kleider genau hinschauen muss.

Paul mag nicht an Baustellen vorbeigehen, weil es dort immer so laut ist. Auch Silvester oder Autos mit lauter Musik erschrecken ihn sehr und er hält sich immer schon vorsorglich die Ohren zu oder geht weg. Im Zirkus sitzt Paul auf dem Schoß seiner Mutter und hält sich die Ohren zu, weil der Dompteur so laut und schrill spricht.

Noah kommt regelmäßig mit Kopfschmerzen aus dem Turnunterricht zurück und sagt zuhause, dass er den Verein nicht mehr besuchen will. Der derbe Tonfall des Sportlehrers und die strengen Vorgaben sorgen dafür, dass Noah sich weigert, noch einmal die Turnstunde zu besuchen.

Selmas Eltern haben gelernt, genau aufzupassen, welche Medien die Achtjährige konsumiert. Jegliche Spannung in Filmen oder Hörspielen sorgt dafür, dass Selma abends nicht mehr einschlafen kann oder plötzlich Angst hat, ein paar Minuten allein zuhause zu bleiben. Selma selbst sitzt bei spannungsreichen, ergreifenden oder gruseligen Filmen jedoch vor dem TV und schafft es nicht, sich loszureißen.

Tim bekommt sofort Kopfschmerzen, wenn seine Mutter eine Duftkerze in der Wohnung anzündet. Beim Besuch der Großeltern riecht er ein ätherisches Öl und verlangt vehement, dass alle Fenster geöffnet werden, weil ihm schlecht sei.

Der siebenjährige Josef mag immer noch nicht allein in seinem Zimmer und im eigenen Bett schlafen. Für ihn ist es wichtig, die Nähe zu seinen Eltern und Geschwistern zu erleben und sich sicher sein zu können, dass auch nachts jemand bei ihm ist.

Tamara kann sich nicht vom Christbaum trennen, wenn dieser nach dem Jahreswechsel aus dem Wohnzimmer verschwinden soll. Es tut ihr richtiggehend weh, den Schmuck abzunehmen und den Baum wegzubringen. Sie bittet ihre Eltern mehrfach darum, den Tannenbaum einfach da sein zu lassen und niemals zu entsorgen.

Der fünfjährige Luis wird normalerweise abends von seinem Papa mit einer Gute-Nacht-Geschichte ins Bett gebracht. Heute aber ist die Babysitterin da, weil Papa und Mama ins Konzert gehen wollen. Schon allein die Ankündigung, dass der heutige Abend anders verlaufen wird als alle anderen, macht Luis Sorgen. Er wird traurig, wütend und versucht, seine Eltern dazu zu bringen, daheim zu bleiben. Luis beharrt darauf, dass er nur einschlafen kann, wenn Papa ihm vorliest.

Viele Beispiele, die alle eins zeigen: hochsensible Kinder brauchen viel Zuwendung und das Wissen der Erwachsenen, dass es sich nicht um Charakterzüge handelt, die verändert werden müssen. Ein hochsensibles Kind ist genauso wenig krank oder lebens- und entwicklungsunfähig wie ein hochsensibler Erwachsener. Im Gegensatz zu normalsensiblen Kindern sind hochsensible Kinder darauf angewiesen, dass ihre Tagesabläufe sehr routiniert vonstattengehen, dass sie ihre Bedürfnisse und Empfindungen äußern dürfen und dass – und jetzt kommt der springende Punkt! – ihre Grenzen respektiert werden.

Wenn Kinder lernen, dass ihr Anderssein von den geliebten Bezugspersonen als etwas Schlechtes wahrgenommen und entsprechend verurteilt wird, werden sie diese Erfahrung als Wahrheit annehmen. Ein Kind, dem immer wieder gesagt wird, es solle sich „nicht so anstellen", wird diesen Glaubenssatz in sich manifestieren und damit in die Welt hinausgehen.

Ein Kind, dem immer wieder suggeriert wird, dass seine Empfindungen nervig sind, wird diese Haltung in sich festigen. Die Folge: aus dem hochsensiblen Kind wird ein hochsensibler Erwachsener, der sich selbst verleugnet. Das tut weh. Und es hilft überhaupt nicht dabei, die eigene Hochsensibilität als Stärke in den Alltag zu integrieren.

Wichtig ist an dieser Stelle noch, zu betonen, dass hochsensible Kinder zwar oft mit Schüchternheit, Rückzug oder Stille auffallen, jedoch auch das absolute Gegenteil der Fall sein kann. Wenn ein hochsensibles Kind sich in Situationen oder Lebensumständen wiederfindet, die es nicht verarbeiten kann, kann sich diese Überforderung schnell als Aggressivität zeigen. Auch absolute Passivität und Lethargie können Folgen aus einer nichtintegrierten Hochsensibilität sein. Es lohnt sich also, genau hinzusehen und das eigene Kind als komplexes Wesen anzuerkennen, das ganz eigene Themen mit sich herumträgt.

Wenn Sie durch die oben genannten Alltagsbeispiele vermuten, Ihr Kind könnte hochsensibel sein, dann gibt es auch hierzu Fragenkataloge im Internet. Empfehlenswert ist beispielsweise der Test auf www.zart-stark.de. Außerdem gibt es deutschlandweit extra für Kinder und Jugendliche HSP-Treffen, bei denen es darum geht, sich auszutauschen und voneinander zu lernen. Auch speziell geschulte Kinder- und Jugendtherapeuten sind in der Lage, Hochsensibilität zu erkennen.

Manche Eltern sind sich beispielsweise nicht sicher, wo die Grenze zwischen Hochsensibilität, Hochbegabung und/oder Autismus verläuft, oder ob dem auffälligen Verhalten des Sprösslings nicht vielleicht ganz andere Entwicklungsprobleme zugrunde liegen.

Hier ist es ratsam, sich mit Fachpersonal in Verbindung zu setzen, beispielsweise mit einem Begabungsdiagnostiker. Besonders wichtig wird eine solche Konsultation häufig dann, wenn das Kind in die Schule kommen soll.

Sollte Ihr Kind hochsensibel sein, braucht es aufgrund dessen seinen ganz eigenen Rahmen, in dem es aufwachsen und sich entfalten kann. Die folgenden Tipps dürfen Sie als Mutter oder Vater beherzigen, um es Ihrem Nachwuchs leichter zu machen, in dieser schnelllebigen und leistungsorientierten Gesellschaft groß zu werden, und dabei das eigene Wohlbefinden nicht aus den Augen zu verlieren:

Nehmen Sie Ihr Kind ernst, wenn es seine Gefühle äußert. Schmerzen, Unwohlsein, Reizüberflutung oder Ängste dürfen da sein und sollten nicht übergangen oder weggeredet werden („Das ist doch nicht so schlimm, mein Gott...!"). Sprechen Sie mit Ihrem Kind, sobald es dazu alt genug ist, über seine Gefühle und sorgen Sie im Rahmen Ihrer Möglichkeiten dafür, dass es Ihrem Kind besser geht. Durch diese Wertschätzung und Offenheit bringen Sie Ihrem Kind bei, wertschätzend und liebevoll mit sich selbst umzugehen – und das ist eine der elementarsten Stärken, die ein Mensch braucht.

Sorgen Sie dafür, dass Ihr Kind genügend Möglichkeiten im Alltag hat, sich körperlich zu betätigen. All die Einflüsse von außen und innen brauchen einen Kanal, über den sie abgebaut und verarbeitet werden können. Hochsensible Kinder nutzen dafür gern verschiedenste, auch immer wieder wechselnde körperliche Betätigungsfelder, sei es beim Radfahren, Tanzen, Schwimmen, Toben oder Fußball spielen. Vergessen Sie Sätze wie „Wenn du jetzt wirklich zum dritten Mal ein neues Hobby anfangen willst, bleibst du aber auch dabei!".

Es ist gut, dass Ihr hochsensibles Kind dem eigenen Gefühl folgt und sich immer die Sportart aussucht, die ihm jetzt gerade guttut.

Finden Sie Ihren eigenen Weg der Begleitung Ihres Kindes. Erziehungstipps von Außenstehenden mögen nett gemeint sein, verfehlen aber in aller Regel das eigentlich Nötige. Sie kennen Ihr Kind am besten, Sie wissen, wie es tickt und was ihm wichtig ist – also lassen Sie sich nicht von anderen Menschen ausreden, was Ihr Bauchgefühl Ihnen sagt. Dieser elterliche Entwicklungsprozess ist mindestens genauso wichtig wie der Umgang mit dem Sprössling, denn Einmischungen, Normen und Regeln von außen können unsichere Eltern in tiefe Krisen stürzen und beeinflussen damit den ganzen Familienalltag.

Fördern Sie die Talente Ihres Kindes. Hochsensible Kinder sind in den meisten Fällen auffallend künstlerisch veranlagt. Wenn Sie ein besonderes Talent wahrnehmen, unterstützen Sie Ihr Kind dabei, dies auszubauen und sich daran zu erfreuen. Musizieren, malen, tanzen oder andere Kunstformen können Hochsensiblen ganz wunderbar dabei helfen, zur Ruhe und bei sich selbst anzukommen. Ein Talent kann als Anker dienen, wenn die Welt um einen herum mal wieder verrücktspielt.

Sorgen Sie für geregelte Tagesabläufe und immer wiederkehrende Ruhepausen im Alltag. Hochsensible Kinder brauchen die Sicherheit der Voraussehbarkeit. Auch ein ruhiges Umfeld ist wichtig, beispielsweise bei den Hausaufgaben oder beim Musizieren, denn die erhöhte Ablenkbarkeit kann zu großem Stress führen. Lernen für die Schule funktioniert dann am besten, wenn das Kind sich voll darauf konzentrieren kann – und wenn es weiß, was danach kommt.

Abendroutinen, Morgenroutinen, gemeinsame Zeiten mit der Familie – all das bildet einen wichtigen Rahmen für hochsensible Kinder.

Fällt Ihnen bei Ihrem Kind auf, dass es von den eigenen Gefühlen komplett überfordert ist und deshalb öfter mal Wutanfälle hat? In diesem Fall dürfen Sie sich selbst darin üben, mit der kindlichen Wut umzugehen. Alles Ausreden oder Herunterspielen hilft nicht: der Sprössling kann nicht anders als zu explodieren. Ein hilfreicher Tipp für kleine Hochsensible könnte sein, sie Wutmonster malen zu lassen. Das dürfen ruhig einige sein, und diese bunte Truppe wird dann beispielsweise an den Schrank geklebt. Beim nächsten Wutausbruch darf das Kind sich all diese gemalten Wutmonster krallen, sie zerreißen, zerknüllen und durch die Luft schmeißen. Der Vorteil: das Kind selbst wird in den Prozess, diese starken Gefühle zu lenken, einbezogen. Es darf sich austoben, macht jedoch nichts wirklich kaputt und schadet sich vor allem nicht selbst.

Eltern, die Probleme damit haben, mit den Auswirkungen umzugehen, die die Hochsensibilität ihrer Kinder mit sich bringt, dürfen sich uneingeschränkt Hilfe holen. Erfahrene Kindertherapeuten können den Erwachsenen bewährte Strategien an die Hand geben und sie darin begleiten, ein liebevolles, strukturiertes und gesundes Familienleben zu organisieren. Scheuen Sie sich nicht, nach Hilfe zu fragen, wenn Sie sich überfordert fühlen – Sie müssen nicht mit allem allein klarkommen.

5. Häufige Probleme im Leben einer HSP

Naturgemäß hat die Hochsensibilität, wie alle Dinge im Leben, eine eher positive und eine eher negative Seite. Es gibt immer zwei Seiten einer Medaille, und in diesem Kapitel betrachten wir die Probleme, die durch erhöhte Sensibilität entstehen können. Mögliche Lösungen und Hilfestellungen werden wir später erörtern, vor allem werden wir darauf eingehen, wie wichtig Resilienz für HSP ist. Sehen Sie sich nun aber zunächst einmal an, ob Sie bei den folgenden Punkten Ihre eigenen Schwierigkeiten im Alltag wiedererkennen können.

Da Hochsensible Reizen wesentlich stärker ausgeliefert sind als Normalsensible, können sich verschiedene psychische Symptome einstellen. Abgeschlagenheit, Müdigkeit, Erschöpfungszustände. HSP leiden oft auch unter dem Gefühl, nicht ausreichend leisten und/oder geben zu können und geraten in einen Strudel aus Druck, Versagensängsten und Schuldgefühlen.

Gerade im Job ist es heutzutage schwierig, sich zurückzunehmen und gut für sich zu sorgen. Finanzielle Anforderungen stehen der eigenen Leistungsfähigkeit gegenüber und allzu oft entscheidet die Angst vor sozialem Abstieg, dass man „doch so viel arbeiten muss".

Wenn eine hochsensible Person nicht gelernt hat, mit ihren eigenen Grenzen liebevoll umzugehen, wird sie immer den Eindruck haben, nicht gut genug zu sein – und genau diese Einstellung wird sich in ihrer Außenwelt spiegeln. „Ich kann nicht mehr. Ich will mich nur noch zurückziehen!" ist ein Satz, den alle HSP von sich kennen.

Meist ist es dann schon zu spät und die eigenen Grenzen der Belastbarkeit wurden bereits überschritten. Aufgrund der psychischen Überforderung neigen Hochsensible dazu, Suchtverhalten zu entwickeln. Ob Tabak, Alkohol oder Tabletten – stoffliche Suchtmittel werden häufig benutzt, um mit dem inneren Druck umgehen zu können.

Auch die emotionale (Über-)Erregbarkeit, die alle HSP von sich kennen, kann negative Folgen im Alltag nach sich ziehen. Wenn eine Person täglich mit den unterschiedlichsten Gefühlszuständen konfrontiert ist – wobei sich das alles nur in der eigenen Psyche abspielt – kann man schon mal verzweifeln. Auf der einen Seite sind Fröhlichkeit und die Lust am Leben sehr präsent, dann plötzlich kann sich eine ganze andere Seite zeigen, die Traurigkeit, Hoffnungslosigkeit oder Verzweiflung mit sich bringt.

Wut spielt bei Hochsensiblen ebenfalls eine große Rolle, auch wenn diese in vielen Fällen unterdrückt wird. HSP sind durch ihre „fehlenden Filter" sehr offen für äußere Eindrücke und fühlen sich in die Gefühle anderer Menschen ein. Da kann man noch so gut gelaunt zur Arbeit fahren - wenn im Radio plötzlich erzählt wird, dass ein Vater seine Tochter jahrelang vergewaltigt und misshandelt hat, kommen einer HSP die Tränen. Die sich mitunter sehr schnell veränderliche emotionale Haltung ist für Hochsensible äußerst anstrengend – und übrigens auch für die engsten Mitmenschen.

Da HSP dazu neigen, emotional voll und ganz in den Gefühlen, Situationen und Zuständen anderer Menschen aufzugehen, fällt es ihnen schwer, Grenzen zu setzen und einzuhalten. „Aber es geht ihm doch schlecht, da kann ich doch nicht einfach wegschauen!" ist ein typischer Gedanke von Hochsensiblen.

Übrigens geht es HSP hier nicht nur um ihre Mitmenschen, sondern auch um Tiere. Der Glaube, man selbst müsse dafür sorgen, dass andere Menschen (oder Tiere) nicht mehr leiden, dass überall Gerechtigkeit herrscht und dass alle Lieben um einen herum glücklich sind, kostet viel Energie. Wenn die eigene Kraft eigentlich schon erschöpft ist, erkennen ungeübte HSP oft nicht an, dass sie hier eine innere Grenze zu wahren haben, um selbst nicht unterzugehen. Sogar die Bitte des Gegenübers, sich aus Problemen herauszuhalten oder loszulassen, ist schwer umzusetzen. Zu groß ist die eigene Emotionalität, zu heftig die innere Verstrickung.

Da Hochsensibilität in unserer Gesellschaftsform keinen Platz hat, zweifeln viele HSP an sich. Sie sind der Ansicht, nicht in diese Welt zu passen. „Ich war schon immer anders." ist ein typischer HSP-Satz. Wer nicht gelernt hat, mit seiner Hochsensibilität umzugehen, wird sich ständig mit der Außenwelt vergleichen. Da die meisten Menschen weniger sensibel sind und deshalb in unserer Welt besser zurechtkommen, denken Hochsensible automatisch, dass sie es sind, mit denen etwas nicht stimmt. Selbstzweifel führen wiederrum schnell dazu, sich selbst zu übergehen und der eigenen Wahrheit den Rücken zu kehren.

Dies fühlt sich nicht nur furchtbar an, sondern kann sogar weitere – und dann oft auch körperliche – Probleme mit sich bringen. Nicht selten kehren Hochsensible ihre intensiven Empfindungen irgendwann (oft in der Jugend) um und agieren dann beinah aggressiv und/oder draufgängerisch. Dann wird das eigene Gefühl kategorisch übergangen, äußere Reize werden bewusst oder unbewusst auf hohem Niveau in den Alltag integriert und HSP bürden sich wahnsinnig viel auf.

Bei Kindern ist häufig zu erkennen, dass sie mit Aggression auf ihre Umwelt reagieren, um sich schlagen, schreien oder andere Menschen körperlich angreifen. Hier zeigt sich die komplette Überforderung, die keinen anderen Kanal als das hundertprozentige Gegenteil der eigenen Hochsensibilität kennt.

Zusammenfassend lässt sich sagen, dass Hochsensible, die entweder nicht wissen, dass sie über eine besondere Eigenschaft verfügen, oder die bewusst ein Leben führen, das ihnen nicht entspricht, psychisch schwer zu knabbern haben. Der Alltag wird kompliziert, aufregend, es ist ein ständiges Auf und Ab und so lassen natürlich zwischenmenschliche Konflikte auch nicht lange auf sich warten. Zudem sind HSP gefährdeter als nichthochsensible Menschen, psychische Erkrankungen oder Störungen zu entwickeln – das liegt in der Natur der Sache.

Was wäre also wichtig? Genau: Resilienz. Achtsamkeit. Aktive Selbstliebe. Wie Sie, sollten Sie hochsensibel sein, sich selbst helfen können, werden wir uns in einem späteren Kapitel genauer anschauen.

Neben den eben aufgezählten psychischen Leiden vieler HSP, kommen wir nun zu den physischen Folgen, die sich aus den inneren Konflikten ergeben können. Dass der Körper reagiert, ist übrigens gar nicht mal so selten. Wenn die Psyche eines Menschen überhört wird, reagiert nach einer gewissen Zeit der Körper auf die inneren Unstimmigkeiten, die beiseitegeschoben werden. Bei Hochsensiblen ist dies eben ziemlich schnell der Fall.

Die verschiedensten Symptome können sich zeigen, wenn Hochsensible ihr Nervensystem überfordern. Es fängt an mit harmlosen Kopfschmerzen, die nach zwei Stunden Einkaufszentrum auftreten. Auch Bauchschmerzen, Probleme mit dem Magen-Darm-Trakt oder massive Verspannungen sind typisch für HSP.

Ein hochsensibler Mensch hat zum Beispiel schnell „die Hosen voll", wenn ihn eine Situation ängstigt – und zwar im übertragenden, sowie im wörtlichen Sinne. Wenn Konflikte verdrängt oder unter den Teppich gekehrt werden, kommt Hochsensiblen schnell „die Galle hoch" – die Folge sind unerklärbare Schmerzen. Innere Spannungen werden muskulär manifestiert und Schulter- oder Nackenbereich sind hart wie Beton. „Ich trage die Last der Welt auf meinen Schultern.". Ja, so fühlt es sich an. Wenn langfristig ein Leben geführt wird, das der eigenen Hochsensibilität massiv entgegensteht, treten irgendwann chronische Beschwerden auf. Dies können die eben genannten Symptome sein, oder auch Krankheiten ganz anderer Art.

Oft ist für Ärzte nicht erkennbar, woher die Rebellion des Körpers kommt, wenn sie sich mit Hochsensibilität nicht auskennen oder nicht wissen, dass der Patient so besonders intensiv empfindet. Sollten Sie zu den HSP gehören und ihr Körper chronische Krankheiten aufweisen, dürfen Sie überprüfen, welche psychischen Dysbalancen hier zugrunde liegen könnten. Können Sie erahnen, warum Ihr Körper streikt? Können Sie sich vorstellen, dass ihr Leib nach Jahren der Überforderung anfängt, auf die Bremse zu treten?

6. Hochsensibilität als Privileg nutzen

So, nun atmen Sie am besten mal tief durch. Bisher schien es – auch in diesem Buch - tatsächlich so, als wäre Hochsensibilität vor allem eins: eine schwere Bürde. Und ja, es ist wahr, dass der Umgang mit dieser starken Empfindsamkeit von Zeit zu Zeit anstrengend ist und den Betroffenen viel abverlangt. Aber (und dieses Aber ist groß!): Wer die richtigen Strategien für sich gefunden hat, kann auf wunderbare Weise davon profitieren, dass er anders ist als die meisten anderen.

Es ist ein Geschenk, hochsensibel zu sein.

Und zwar nicht nur für die HSP selbst, sondern auch für ihr gesamtes Umfeld. In Zeiten, in denen Künstliche Intelligenz auf dem Vormarsch ist, Menschen an vielen Stellen durch Maschinen ersetzt werden und zwischenmenschliche Beziehungen immer oberflächlicher werden, sind Hochsensible der rettende Anker, unersetzlich in vielen Bereichen.
Es gibt eine ganze Reihe von Berufen, in denen Hochsensibilität genutzt wird und wertvolle Verbesserungen für alle Beteiligten bereithalten kann. Denken Sie nur mal an all die Pflegeberufe, den Bildungssektor, medizinisches Personal, Sozialarbeiter, die Justiz, Mitwirkende in Jugendamt, Sozialamt, Jobcenter, Mitarbeiter karikativer Einrichtungen oder Anlaufstellen für psychische Gesundheit. Eigentlich überall dort, wo der zwischenmenschliche Kontakt darüber hinaus geht, dass jemand Brötchen beim anderen kaufen oder eine fehlerhafte Rechnung monieren will, ist Hochsensibilität das Pünktchen auf dem i. Es geht ohne – na klar. Aber mit diesem besonderen Einfühlungsvermögen und der Fähigkeit, Stimmungen wahrzunehmen, laufen die Dinge eben doch besser.

Beleuchten wir die Vorteile, die HSP in ihrem Alltag erfahren können, mal genauer. Wichtig dafür ist natürlich, den eigenen Blickwinkel auch in diese Richtung auszuweiten, sodass das Wertvolle, das Schöne, das Besondere wahrgenommen und wertgeschätzt werden kann.

Hochsensible haben beispielsweise ein ausgeprägtes Verständnis für Ästhetik, Details und Feinheiten. Sie können problemlos den einen falschen Ton aus einer Melodie heraushören – oder ganz und gar in Musik aufgehen, sie in sich aufsaugen und das eigene Herz mittanzen lassen. Dasselbe gilt für olfaktorische, visuelle, gustatorische und taktile Sinneseindrücke. Die Begeisterungsfähigkeit, die HSP in sich tragen, ist ein riesiger Vorteil gegenüber nichthochsensiblen Menschen. Auch was Genauigkeit und Präzision angeht, sind Hochsensible klar im Vorteil – schlicht, weil sie die Dinge besonders intensiv wahrnehmen.

Da HSP sich wunderbar in eine Aufgabe hineinbegeben können, quasi mit Haut und Haar arbeiten, sind sie hervorragende Sparringspartner im beruflichen Leben. Hochsensible können sich auch über eine lange Zeitspanne hinweg konzentrieren, sie kennen diesen wunderbaren Flow, der einen dann befällt, wenn man tief in eine einzige Tätigkeit eintaucht.
Und das Beste daran: der Akku ist danach nicht leer (vorausgesetzt, man tut gerne, was man da tut). Stundenlanges konzentriertes Arbeiten, liebevolle Hingabe, authentische Achtsamkeit – alles kein Problem für Hochsensible. Natürlich ist dies auch ein Grund dafür, dass HSP oft im künstlerischen Bereich arbeiten.

Aber auch in anderen Bereichen, in denen Genauigkeit und eine tiefgründige Analyse nötig sind, sind Hochsensible die perfekte Besetzung. Sie graben und forschen auch dann noch, wenn Normalsensible schon aufgegeben und erschöpft das Handtuch geworfen hätten.

Die Vorstellungskraft, die Hochsensiblen zu eigen ist, ist ein weiterer Vorteil, den sie gegenüber anderen Menschen haben. Vielen „Normalos" ist es zu anstrengend oder auch schlicht unmöglich, quer zu denken, eventuelle Möglichkeiten zu sehen, der Fantasie freien Lauf zu lassen. Entdecker, Wissenschaftler, Mathematiker und Forscher machen ihre Arbeit besser, wenn sie hochsensibel sind. Sie stellen sich vor, was heute noch unmöglich scheint, sie sind in der Lage, Visionen auf ihre Machbarkeit hin zu überprüfen – und zwar ohne die grauenhafte „Das klappt eh nicht"-Bremse, die die meisten anderen Menschen in ihrem Bewusstsein herumtragen.

Und kennen Sie diese Personen, die die gruseligsten mathematischen Formeln sofort verstehen, sie umsetzen und anderen Menschen begreifbar machen können? Menschen, denen das völlig Abstrakte sonnenklar erscheint? Diese Menschen gibt es – und sie sind häufig hochsensibel.

Reflexion ist eine Sache, die vielen Menschen schwerfällt. Vor allen Dingen dann, wenn es darum geht, sich selbst zu reflektieren. Wo habe ich einen Fehler gemacht? Welchen Mustern folgt mein Verhalten? Welche Glaubenssätze trage ich mit mir herum? An welchem Punkt kann ich künftig gesünder handeln? Fragen wie diese fallen HSP leicht.

Sie haben kein Problem damit, sich selbst, ihre Mitmenschen oder Situationen genau zu reflektieren. Sie sind in der Lage, durch genaues Hinsehen und der ihnen eigenen Offenheit, Abläufe zu erkennen – und diese gegebenenfalls zu ändern.

Fähigkeit zur Selbstreflexion ist die entscheidende Grundlage für persönliches Wachstum, ansonsten stagniert der Mensch in seiner Entwicklung. Hochsensible sind an dieser Stelle also sehr privilegiert.

Im zwischenmenschlichen Kontext, wie oben schon erwähnt, sind Hochsensible die Stars unter den Persönlichkeiten. HSP können durch ihr ausgeprägtes Gerechtigkeitsbewusstsein Fronten klären, Minderheiten stärken, anderen Menschen helfen und für Ausgleich sorgen. Auch als Eltern, Großeltern, Lehrer, Erzieher und Freunde sind Hochsensible Gold wert.

Auf sie ist immer Verlass, denn sie können sich intensiv in die Situation des anderen hineinfühlen – und zwar ohne sich dafür anstrengen zu müssen, es passiert ganz intuitiv. HSP verhalten sich loyal gegenüber ihren Mitmenschen, sie sind ehrlich und haben ein festes Wertegerüst, nach dem sie ihr Leben ausrichten. Das Eintreten für Schwächere – übrigens auch Tiere – ist ein Segen für alle Beteiligten. Diese Aspekte ergeben zusammen einen wunderbaren Menschen mit hervorragenden Eigenschaften, der unersetzlich für die Gemeinschaft ist.

Und noch ein Vorteil, den Hochsensible mitbringen: Fleiß. HSP gehören nicht zu denen, die faul herumliegen, Aufgaben vor sich herschieben und das ein oder andere einfach unter den Teppich kehren. Faulheit ist nichts für Hochsensible, und das ist nicht nur für sie selbst von Vorteil, sondern auch für die Menschen um sie herum. Da HSP einen scharfen Blick ihr Eigen nennen, erkennen sie Aufgaben sofort, können beherzt zupacken und übersehen keinen Teilaspekt des großen Ganzen.

7. Hochsensibilität und Intelligenz

Nahtlos an das Kapitel Nummer 6 anschließend liegt die Frage nahe, ob Hochsensibilität und Intelligenz (vielleicht sogar Hochbegabung) zusammengezogen werden darf.

Fakt ist, dass sich die Experten bisher nicht einig sind, ob aus einer Hochsensibilität auch eine Hochbegabung folgt. Es gibt Studien, die genau diese Annahme bestärken, und dann gibt es ebenso Studien, die Gegenteiliges beweisen sollen. Kurzum: Ob Hochsensibilität und Hochbegabung zusammengehören, kann man bisher nicht sagen. Doch warum sollte das auch wichtig sein?

Was man allerdings sagen kann ist, dass Intelligenz und Hochsensibilität definitiv zusammengehören und Hand in Hand gehen. Das liegt daran, dass jemand, der hochsensibel ist, in der Regel wesentlich mehr Informationen und Emotionen als Input bekommt, und dementsprechend mehr Möglichkeiten hat, eine Situation emotional zu bewerten und auf diese entsprechend sensibel zu reagieren.

Ob es der Person das auch gelingt, hängt von der Fähigkeit ab, mit dem Überfluss an Emotionen und Informationen richtig umzugehen und nicht alles zu sehr an sich heranzulassen.
Wie das geht, damit beschäftigen wir uns unter anderem etwas später im Buch, wenn es um die Resilienz geht.

Der Leser erkennt an dieser Stelle, dass sich die Intelligenz, von der wir hier sprechen, weniger auf das Logische (auch wenn eine hohe logische Intelligenz natürlich in keiner Weise ausgeschlossen ist, sie konnte bisher nur noch nicht mit der Hochsensibilität in Relation gesetzt werden) bezieht:

Wir sprechen hier von der Emotionalen Intelligenz, also von dem Verständnis von eigener und fremder Gefühle und Emotionen (basierend auf den Terminus von John D. Mayer und Peter Salovey). Und bezogen auf die emotionale Intelligenz hat eine hochsensible Person eine sehr hohe Kompetenz vorzuweisen und kann für ihre Mitmenschen ein unglaublich guter Zuhörer, Versteher und Helfer in schwierig zu bewertenden Situationen sein. Dieser Eigenschaft sollten Sie sich voller Stolz stets bewusst sein!

Sollten Sie sich näher mit dem Thema der emotionalen Intelligenz beschäftigen wollen, empfehlen wir Ihnen das Buch von Daniel Goleman „Emotional Intelligence: Why It Can Matter More Than IQ".

8. Nahrungsergänzungsmittel für Hochsensible

Bezogen auf unterschiedliche Studien geht die Wissenschaft mittlerweile davon aus, dass Hochsensibilität in den Genen liegt bzw. genetisch bedingt ist. Viele hochsensible Personen nehmen von sich aus Nahrungsergänzungsmittel, das gängigste (und wahrscheinlich auch essenziellste) ist das Vitamin C, um ihre Gesundheit und ihren Körper im Alltag zu verbessern und sich allgemein besser zu fühlen.

Daran ist auch gar nichts falsch (vorausgesetzt natürlich, es werden die von Experten empfohlenen Dosen nicht überschritten). Ein oftmals angebrachtes Argument, Nahrungsergänzungsmittel seien nur Chemie und weniger gut als reine, natürliche Mittel, kann nicht gehalten werden, da der Körper bei der Verarbeitung keinen Unterschied zwischen einer chemischen und einer natürlichen Substanz macht.

In diesem Kapitel sollen nun die drei Nahrungsergänzungsmittel vorgestellt werden, die sich besonders gut für hochsensible Menschen eignen. Aus rechtlichen Gründen dient es nur zur Information und soll keine Anregung zur Einnahme geben. Bevor Sie sich für eine Einnahme entscheiden, sprechen Sie zuvor mit Ihrem Arzt!

Vitamin D3

Bei Vitamin D3 handelt es sich um ein vom Körper bzw. der Haut produziertes Hormon. Die körpereigene Herstellung geschieht durch die Sonneneinstrahlung auf der Haut – die Sonne ist also essenziell! Man könnte das Vitamin D3 auch als das ‚Power-Vitamin' bezeichnen, schließlich gibt es uns einen Großteil der Lebenskraft. Das macht auch dann Sinn, wenn man seine inneren Zustände vergleicht – einmal, wenn es regnet und sehr düster ist, und einmal bei einem wunderschönen Tag, bei dem die Sonne voll scheint. Bei Sonnenscheint hat man sehr viel mehr Energie, als bei düsterem Wetter.

Den Vitamin D3 Spiegel misst man in ng/ml, und bei einem Großteil der Bevölkerung ist dieser weitaus zu niedrig. Verwunderlich ist das nicht, sind die meisten Jobs und Freizeitaktivitäten doch im Inneren (ohne Sonne). Von einem guten und gesunden Vitamin D3 Spiegel kann man zwischen 40 und 60 ng/ml sprechen, der Durchschnitt der deutschen Bevölkerung liegt in etwa bei 18 ng/ml.

Was kann man nun dagegen machen? Denn dass ein dauerhaft niedriger Spiegel nicht nur ungesund ist, sondern für eine hochsensible Person, die durch die äußeren Eindrücke auch oftmals besonders schnell erschöpft ist, ungünstig ist, kann man sich bestimmt denken.
Der erste Schritt sollte eine Messung durch den Hausarzt sein. Denn, nicht jeder (wenn auch viele) sollte ein Vitamin D3 Präparat einnehmen. Wenn Ihre Dosis irgendwo zwischen den empfohlenen Werten liegt, besteht im Normalfall kein Grund zur Handlung.

Sollte dies aber nicht der Fall sein, und Sie gehören ‚nur' zum Durchschnitt der Bevölkerung, sollten Sie darüber nachdenken, Ihren Vitamin D3 Spiegel anzuheben. Gerade als hochsensible Person empfiehlt es sich, diesen natürlichen ‚Energieboost' mitzunehmen. Und Forscher und Wissenschaftler empfehlen das wie folgt (wir beschäftigen uns hier mit der Einnahme von Vitamin D3, kombiniert mit Vitamin K2 und Magnesium in Form von Tropfen bzw. Pulver für das Magnesium):

Für die ersten 10 Tage nimmt man pro Tag 40 Tropfen Vitamin D3, 10 Tropfen Vitamin K2 sowie 300 mg Magnesium.

Um seinen Vitamin D3 Spiegel im Winter zu erhalten, nimmt man pro Tag 5 Tropfen Vitamin D3 und 2 Tropfen Vitamin K2.

Um seinen Vitamin D3 Spiegel im Sommer zu erhalten, nimmt man pro Tag 1 Tropfen Vitamin D3.

OPC

Das zweite Nahrungsergänzungsmittel, speziell für Hochsensible, hat den Namen OPC. Dabei handelt es sich um ein Pulver, welches man entweder als reines Pulver, oder in Form von Kapseln (empfehlenswerter) einnehmen kann. OPC ist ein wichtiger Bestandteil einiger Pflanzer, den höchsten OPC-Gehalt haben Weintrauben. Die beiden Gründe, warum OPC besonders von hochsensiblen Personen eingenommen werden sollte sind auf der einen Seite die Vorteile für das eigene Nervensystem sowie auf der anderen Seite die positiven Auswirkungen für das Immunsystem.

OPC zählt zu den stärksten Antioxidantien, welche die Eigenschaft besitzen, freie Radikale im Körper zu beseitigen. Freie Radikale sind Moleküle, die beispielsweise durch oxidativen Stress entstehen, der oftmals verstärkt bei hochsensiblen Menschen auftritt.

Die Einnahme von OPC ist ganz einfach erklärt: Sie nehmen 2 mg pro jedem Kilogramm Ihres Körpergewichts ein. Wiegen Sie beispielsweise 75 kg, wären wir bei 150 mg OPC pro Tag. Zudem empfiehlt es sich, zum OPC parallel etwa 300 mg Vitamin C (in der Regel unabhängig vom Gewicht) einzunehmen.

CBD

CBD ist auch bei uns (leider) immer noch umstritten, und dennoch soll dem Leser dieses Thema nicht vorenthalten werden. Hochsensible Personen klagen öfters über Kopfschmerzen. Gerade an Tagen, an welchen es zu einigen überwältigen Situationen gekommen ist, können diese auftreten. Auch berichten einige Hochsensible darüber, dass sie die gängigen Schmerzmittel nur schlecht oder gar nicht vertragen. Haben Sie es schon einmal mit CBD probiert?

CBD ist eines von mehr als 100 Cannabinoiden, enthält aber kein THC (ist also nicht bewusstseinsverändernd, legal und frei verkäuflich). CBD wird von den meisten Anwendern benutzt, um Kopfschmerzen zu bekämpfen oder besser einschlafen zu können. Auch zur Bekämpfung von Angstzuständen wird es regelmäßig angewandt.

Sollten Sie CBD ausprobieren wollen, fangen Sie am besten mit der 3-prozentigen Lösung an. Tropfen Sie drei bis vier Tropfen unter die Zunge und lassen die Flüssigkeit so lange wie möglich einwirken. Die Tropfen werden am besten im Kühlschrank gelagert und nicht zu lange aufbewahrt, da sonst die Gefahr besteht, dass sich die Lösung verdickt.

Geheimtipp: Guarana statt Kaffee

Für viele Leute gehört Kaffee zum täglichen Leben – es hilft, in der Früh munter zu werden, und den ganzen Tag über produktiv zu bleiben. Hochsensible Personen hingegen klagen bei Kaffeegenuss oftmals über Bauschmerzen oder sogar Durchfall. Für genau solche Menschen, die Kaffee nicht vertragen, aber dessen energetisierende Wirkung auch nicht missen wollen, gibt es einen kleinen Geheimtipp: Guarana.

Guarana ist eine Pflanze, welche schon seit hunderten von Jahren von Urvölkern eingesetzt wurde, um beispielsweise besser für die Jagt vorbereitet zu sein. Guarana hat dabei in der Regel doppelt so viel Koffein wie die gleiche Menge Kaffee, und das Koffein in Guarana wird viel langsamer als bei Kaffee ausgeschüttet. Das hat zur Folge, dass Guarana über einen viel längeren Zeitraum wirkt und munter hält.

Guarana kann man entweder als Kapselform (die sicher angenehmere Alternative), oder aber als reine Pulverform zu sich nehmen. Bei letztere Anwenderform nimmt man einen halben Teelöffel Guarana und vermischt dieses mit einem Liter Wasser. Doch Achtung: Guarana schmeckt wirklich (zumindest für die Meisten) abscheulich, und es sollte am besten in Form von Kapseln eingenommen werden.

Resilienz

9. Resilienz – was ist das?

Kennen auch Sie Menschen, die scheinbar mit allem klarkommen? Leute, denen schon so manches Mal übel vom Leben mitgespielt wurde, die aber dennoch stabil, stark und optimistisch durch ihr Leben gehen? Oder Personen, die einen stressigen Alltag scheinbar mühelos durchstehen und immer noch frohen Mutes sind, wenn der Tag vorbei ist? Falls ja, haben Sie hier wunderbare Vorbilder vor sich: Menschen mit Resilienz.

Resilienz ist heutzutage ein häufig gebrauchter Begriff und wird naturgemäß als solcher schnell missverstanden oder fälschlich interpretiert. Resiliente Menschen sind in der Lage, persönliche Krisen durchzustehen, ohne geschwächt oder geschädigt daraus hervorzugehen. Resiliente Menschen sind optimistisch veranlagt und sich ihrer eigenen Wirkkraft sehr bewusst.
Resiliente Menschen sind psychisch und physisch stabil, sie werden vom Leben – das ja wirklich die unterschiedlichsten Facetten bereithält – nicht aus der Bahn geworfen. Wir könnten Resilienz also der Einfachheit halber in psychische Abwehrkraft übersetzen.

Die medizinische Forschung zum Thema Resilienz steckt noch in den Kinderschuhen, weshalb Sie auch in diesem Buch keine klaren und wissenschaftlich belegten Aufgaben bekommen werden, die Sie „in zwei Wochen zu einem resilienten Menschen machen". Vergessen Sie das. Dies wäre unseriös und wenig hilfreich für Sie. Auch einfache Fragebögen zum Abhaken wird es nicht geben, denn die Forschung ist sich gar nicht so ganz sicher, welche Faktoren alle dazu führen, dass ein Mensch resilient ist – oder eben nicht.

Ein bekannter deutscher Neurowissenschaftler auf diesem Gebiet ist Raffael Kalisch. Er hat mit seinem Team in Mainz jahrelang erforscht, was Resilienz ausmacht, was sie befördert, was sie schwächt.

Hier wurden nicht nur psychische Faktoren beleuchtet, sondern auch körperliche Merkmale der Probanden. Sollten Sie am Thema Resilienz besonderes Interesse haben, können Sie sich in dem dabei entstandenen Buch des Forschers oder auch weiterer Fachlektüre informieren. An dieser Stelle nur so viel: Resilienz ist erlernbar. Und das ist doch eine wunderbare Neuigkeit, finden Sie nicht?!

Natürlich gibt es Menschen, die mit einem Abwehrmechanismus auf die Welt kommen, der geradezu beneidenswert ist. Auch solche Kinder sind vielen Menschen bekannt – die wirft so schnell nichts um und krank sind sie auch so gut wie nie. Forscher glauben, dass es durchaus genetische Veranlagungen gibt, die Resilienz befördern oder schwächen können – Genaues weiß man derzeit allerdings wie gesagt noch nicht.

Wer aber nun nicht gerade von Haus aus als Resilienz-Genie gilt, der hat die Möglichkeit, sich diese anzutrainieren, sich darin zu üben, und Resilienz als dauerhafte Persönlichkeitsentwicklung in sein Leben zu integrieren. Dabei geht es nicht darum, Schritt eins bis Schritt vierunddreißig durchzuarbeiten, um danach ein Leben lang resilient zu sein. In Wahrheit ist dies ein langer Prozess, bei dem Sie sich durchaus auch externe Hilfe holen können.

Besonders für hochsensible Menschen ist es überaus wichtig, Resilienz zu erlernen.

Die eigene Anfälligkeit gegenüber äußeren Reizen und inneren Ungleichgewichten benötigt quasi einen Gegenpol. Die Waage, die auf der einen Seite potenziell schnell und hart nach unten knallt, braucht ein Gegengewicht, das ihre Stabilität aufrechterhält.

Hier geht es überhaupt nicht darum, sich „ein dickes Fell zuzulegen", um nichts mehr zu spüren – verstehen Sie mich nicht falsch. Würden wir mit dieser Herangehensweise versuchen, resilient zu werden, würden wir gegen uns selbst arbeiten wollen – und das kann nicht die Lösung sein. Wir leben in einer Gesellschaft, die dazu neigt, ihre Bürger von klein auf zu überfordern und sie dazu zu erziehen, die Anbindung an das eigene Ich zu verlieren. Zerstreuung, Stress, Leistungsdruck, Konsumwahn – alles nicht gesund für die menschliche Psyche. Wir sollten Resilienz nicht anstreben, um einem ungesunden System gerecht zu werden, sondern um Wege zu finden, gut für uns zu sorgen. Resilienz sollte nicht dazu dienen, immer noch mehr zu „schaffen", immer noch größere Sprünge zu machen, immer noch eine Schippe draufzupacken.

Resilienz soll dem Menschen dazu dienen, stabil zu sein, sich selbst und die eigenen Grenzen zu kennen und zu wissen, was ihm guttut, damit er ein glückliches Leben führen kann.

Ziel ist es also, das innere Urvertrauen sich selbst und dem Leben gegenüber zu erlangen, dass Sie auch schwere Momente oder Zeiten des erhöhten Stresses überstehen lässt, und Sie stabil in sich selbst ruhen lässt. Übrigens kann auch die Anbindung an eine Höhere Macht unterstützend sein, je nachdem, ob Sie spirituell oder religiös veranlagt sind, oder nicht.

Durch die Neuheit des Themas in der weltweiten Forschung stehen bislang keine gesicherten Ergebnisse fest, die uns sagen könnten, was genau Menschen resilient macht. Jedoch: nicht wenige Studien wurden dazu durchgeführt und einige kommen zu denselben Schlusspunkten. Diese wollen wir uns hier mal genauer ansehen.

Emmy Werner, eine Psychologin aus den USA, hat beispielsweise bei ihrer Beobachtung von mehr als 700 hawaiianischen Kindern und Jugendlichen herausgefunden, dass die Resilienz dieser Menschen dann besonders hoch war, wenn sie eine feste, verlässliche und liebevolle Bezugsperson hatten, die sie durch ihr Leben begleitet hat.

Es geht also nicht unbedingt darum, dass ein Kind in stabilen familiären Umständen aufwächst, sondern dass es diesen einen Fixstern gibt, der immer für das Kind da ist – ob das dann ein Elternteil, ein Geschwisterkind, ein Freund oder eine Freundin, die Tante, der Onkel, eine Lehrkraft oder wer auch immer ist. Ein Mensch, der als Anker im Leben dient, der an einen glaubt, der einen unterstützt – allein diese Tatsache sorgt dafür, dass Resilienz entstehen kann. Und auch aus dem Alltag hierzulande wissen wir alle, dass es Kinder gibt, die aus „schwierigen Verhältnissen" kommen, die zuhause nicht das friedlichste und gesündeste Nest vorfinden, aber dennoch mit hocherhobenem Kopf durch ihre Schulzeit wandern und später studieren gehen, während sie nicht in die Falle treten, Suchtverhalten zu entwickeln oder gewalttätig zu werden. Das ist Resilienz.

Auch der bereits genannte Raffael Kalisch kann Ergebnisse vorweisen, die sich mit denen anderer Studien decken: Intelligenz ist ein weiterer Faktor, der Resilienz befördert. Wer intelligent ist, kann querdenken und sich auf kreative Denkprozesse einlassen.

Intelligenz pusht das eigene Selbstvertrauen, ob in Schule oder Berufsleben. Ein intelligenter Mensch ist in der Lage, neuen Umständen gegenüber offen zu sein, weil er die kognitive Voraussetzung mitbringt, damit umgehen zu können.

Von der University of Pennsylvania kommen weitere Indikatoren für Resilienz: Wer seine Emotionen gut regulieren kann, ist resilienter als jemand, der der emotionalen Achterbahn hilflos ausgeliefert ist. Menschen mit stabiler Emotionskontrolle sind in der Lage, ruhig zu bleiben und den Bezug zum eigenen Ich nicht zu verlieren – auch dann, wenn sie beispielsweise gerade in einer hektischen Stresssituation sind.

Disziplin – auch Impulskontrolle genannt – gilt als großer Vorteil. Resiliente Menschen sind dazu in der Lage, langfristig zu denken und sich nicht von ihren augenblicklichen Gefühlen, Bedürfnissen oder Ängsten leiten zu lassen.

Dinge in einen logischen Zusammenhang setzen zu können, wird von den Forschern als Fähigkeit zur Kausalanalyse bezeichnet. Resiliente Menschen sind also imstande, bei Problemen oder Misserfolgen nicht immer nur zu denken, sie seien an all dem selbst schuld, sondern sie können deutlich erkennen, woher ein Problem stammt und wie es sich aufgebaut hat.

Optimismus ist ein weiterer Mosaikstein, der Resilienz ausmacht. Wer wirklich erkennen kann – und zwar ohne Schönrederei und Selbstmanipulation – dass das eigene Glas halb voll ist und nicht halb leer, der ist resilienter als ein Pessimist. Das deutliche Erkennen einer Situation und die realistische Annahme, dass sich die Dinge zum Guten wenden, helfen der psychischen Abwehrkraft.

Empathie hilf uns dabei, resilient zu sein. Wieso das denn? Ganz einfach: eine innere Verbindung zu anderen Menschen zu empfinden, und nachfühlen zu können, was in ihnen vorgeht, bringt uns soziale Kontakte. Und die braucht der Mensch, sie tun gut und stärken die eigene Psyche.

Last but not least ist das Wissen um die eigene Selbstwirksamkeit ein wichtiger Faktor für Resilienz.

Wer weiß, dass sein eigenes Verhalten und die eigene Herangehensweise Änderungen herbeiführen und die Dinge in eine bestimmte Richtung leiten können, ist widerstandsfähig gegenüber äußeren Einflüssen. „Ich kann etwas bewegen!" hilft enorm dabei, sich nicht ausgeliefert zu fühlen.

10. Resilienz kann gelernt werden

Auch wenn kein allgemeingütiger 10-Punkte-Plan besteht, der Ihnen dabei hilft, resilienter zu werden, gibt es doch einige Dinge, die Sie aktiv angehen und üben können. Ziel ist es langfristig, Ihr „psychisches Immunsystem" zu boosten, damit Sie besser damit umgehen können, wenn äußere Reize und innere Dysbalancen Ihr Leben anstrengend machen. Seien Sie sich darüber im Klaren, dass eine HSP sich naturgemäß schwerer damit tut, sich nach außen abzugrenzen als nichthochsensible Menschen. Zerren Sie nicht an sich, seien Sie geduldig und sehen Sie die folgenden Übungen als kleine Entwicklungsschritte. Kennen Sie den Satz „Deine Geschwindigkeit ist nicht entscheidend. Vorwärts ist vorwärts."? Daran dürfen Sie sich orientieren.

Die amerikanische Psychologenvereinigung (APA) hat in den vergangenen Jahren einige Tipps veröffentlicht, die Menschen beherzigen sollen, wenn sie resilienter werden möchten. Hier finden sich dann beispielsweise sinngemäß folgende Aussagen:

- Glauben Sie an Ihre Ziele.

- Denken Sie positiv – auch über sich selbst.

- Sorgen Sie gut für sich.

- Verlassen Sie die Opferrolle.

- Lernen Sie, dass der Wandel zum Leben dazugehört.

- Begreifen Sie Krisen als Chancen.

- Bauen Sie Beziehungen auf.

Dies ist nur ein Auszug der vermeintlichen Tipps. Wir wissen alle, dass diese Sätze zwar theoretisch gut klingen und sicher auch Sinn machen, jedoch schwer umsetzbar sind, wenn konkrete Übungsanleitungen fehlen. Gerade hochsensible Menschen können nicht einfach den Schalter umlegen (aber das können alle anderen auch nicht), und ab sofort „gut für sich selbst sorgen". Wer nicht gelernt hat, was das überhaupt heißt, der steht mit einem solchen Tipp verloren in der Prärie der Weisheiten herum und – hier lauert eine Gefahr – denkt schnell, er selbst sei wieder mal unfähig. Das hilft also niemandem weiter. Wie bereits erwähnt: Resilienz zu erwerben ist eine Lebensaufgabe. Das Leben ändert sich immer wieder, verschiedene Phasen wechseln sich ab, da ist es wichtig, am Ball zu bleiben und sich selbst regelmäßig zu reflektieren – um dann das zu tun, was jetzt gerade ansteht.

Folgende Tipps dürfen Sie für sich prüfen und sie gegebenenfalls anwenden. Wenn sie Ihnen guttun und Sie weiterbringen, machen Sie einige Übungen immer wieder. Vielleicht finden Sie sogar Spaß daran, sich selbst zu beobachten, sich zu entwickeln, zu üben und diesen ganz persönlichen Weg zu beschreiten. Verlieren Sie dabei auch den Humor nicht aus den Augen. Wenn Sie wieder einmal in eine Falle getappt sind und das Leben Sie überfordert, lachen Sie darüber und nehmen Sie das Ganze nicht so superernst.

Reflektieren Sie Ihren bisherigen Lebensweg

Sie können diesen wunderbar veranschaulichen, indem Sie sich ein Blatt Papier nehmen und Ihr Leben wie einen Zeitstrahl aufzeichnen. Dann unterteilen Sie den Strich in die vergangenen Jahrzehnte. Überlegen Sie nun, wann Sie besonders schwere Herausforderungen zu meistern hatten.

Vielleicht haben sich Ihre Eltern getrennt, als Sie acht Jahre alt waren? Oder war der erste Liebeskummer im Alter von 17 Jahren ein einschneidendes Erlebnis? Hatten Sie mit 24 einen Autounfall und mussten in die Reha? Oder war das Elternwerden eine Hürde für Sie, da Ihr Kind nicht gesund zur Welt kam?

Was auch immer es war, das Ihnen als Schwierigkeit im Leben begegnet ist, notieren Sie dies als Stichpunkt auf Ihrer Lebenslinie. Dafür dürfen Sie sich auch etwas mehr Zeit nehmen, vielleicht fällt Ihnen im Laufe einiger Tage immer wieder etwas ein. Wenn Sie fünf wichtige Ereignisse gefunden haben, nehmen Sie sich nochmal Zeit: Was hat mir dabei geholfen, aus dieser Krise herauszukommen?

Welche inneren Ressourcen sind wach geworden? Was habe ich getan, das mir geholfen hat, mit der Situation umzugehen? Welcher Mensch hat mich unterstützt? Mit dieser wunderschönen Übung erinnern sie sich spielerisch an Ihre innere Kraft, an Ihre bestandenen Lebensprüfungen und daran, dass das Leben immer einen guten Weg für Sie bereitgehalten hat.

Üben Sie, Ihren Gedanken und Gefühlen ins Gesicht zu schauen

Menschen haben sich angewöhnt, Ängste, Sorgen, Ärger oder andere unangenehme Dinge des Lebens zu verdrängen. Ein beliebter Tipp lautet „Vergiss es, befasse dich damit nicht mehr!". Dann wird der Fernseher eingeschaltet, man sitzt ewig am Smartphone herum, oder die Betäubung der eigenen Gefühlswelt wird durch stoffliche Suchtmittel bewältigt.

Wenig hilfreich also, diese Idee. Studien zufolge ist es wesentlich klüger, sich seinen Gedanken und Gefühlen zu stellen. Schreiben Sie dazu jeden Tag auf, was Sie bewegt. Manche Menschen führen Tagebuch, andere machen sich mit Stichpunkten bewusst, was sie denken und fühlen. Sich Sorgen von der Seele zu schreiben, ist ein bewährtes Mittel, um sie ins Bewusstsein zu holen und damit zu erleben, dass nichts Schlimmes passiert. Sie haben Angst vor einer Krankheit?

Schreiben Sie das auf! Sie machen sich Sorgen um den 19-jährigen Sprössling, der gerade durch Amerika turnt? Notieren Sie das! Verschriftlichen heißt immer, die eigenen Gedanken zu ordnen und sie in die Realität zu holen, weg von diffusen Gedankenspiralen, die ins Dunkel führen. Was Sie dabei in sich selbst erkennen können, kann sehr heilsam sein. Und vielleicht wundern Sie sich nach zwei Monaten, was Sie alles mal geängstigt hat, dass plötzlich kein Thema mehr ist.

Vertiefen Sie Ihre Beziehungen

Vielleicht haben Sie keinen Partner und fühlen sich deshalb oft allein und/oder einsam. Wir sind darauf konditioniert, dass ein Mensch nur dann glücklich sein kann, wenn er seine „bessere Hälfte" gefunden hat. Das ist Gott sei Dank völliger Unsinn. Beim Vertiefen Ihrer Beziehungen kann es natürlich auch um Ihren (Ehe-)Partner gehen, muss aber nicht.

Gehen Sie in sich und überlegen Sie, welche Beziehungen in Ihrem Leben Ihnen besonders guttun. Welche Freundin sorgt immer wieder dafür, dass Sie herzhaft lachen? Welcher Freund ist immer für Sie da, auch nachts um drei Uhr und wenn Sie die gleiche Geschichte zum zehnten Mal erzählen?

Zu welchem Familienmitglied hatten Sie schon immer diese ganz spezielle Verbindung? Welcher Lehrer (Therapeut, Coach, Mentor oder Ähnliches) bringt Sie immer wieder voran? Machen Sie sich bewusst, dass es all diese wunderbaren Menschen in Ihrem Leben gibt. Pflegen Sie dann diese Beziehung, verabreden Sie sich, melden Sie sich, seien Sie aufmerksam. Üben Sie, gegenüber diesen Personen offen zu sein, erzählen Sie von sich und Ihren inneren Prozessen.

Wahre Nähe kann nur dann entstehen, wenn beide Parteien ehrlich und verletzlich zeigen, wer sie sind. Das kann sich zunächst gefährlich anfühlen, weil eine alte Angst Sie hemmt. Aber wenn Sie sich eigentlich sicher sind, dass Ihr Gegenüber Sie schätzt und mag, dann durchbrechen Sie die alte Mauer und beginnen zu erkennen, wie liebevoll und wohltuend tiefe Beziehungen sind.

Üben Sie sich darin, die Realität zu akzeptieren

Dieser Satz schreit förmlich danach, ihm vehement zu widersprechen. „Was, wenn die Realität furchtbar ist? Das kann ich doch nicht einfach akzeptieren!" – Sie haben recht. Bei dieser Übung geht es aber nicht darum, alles hinzunehmen, egal wie negativ, schmerzhaft, ungerecht oder schädlich es auch sein mag. Jedoch: Sind Sie imstande, die Dinge zu ändern, wenn Sie im Kampfmodus sind?

Falls ja, wie fühlt sich das an? In sich einen Krieg zu zelebrieren – beispielweise gegen die sexistische Art eines Arbeitgebers – nimmt Ihnen sehr viel Energie. Wenn Sie stattdessen, um in diesem Bild zu bleiben, akzeptieren, dass Ihr Vorgesetzter sich sexistisch verhält, wird Ihr Kopf frei für neue Wege: Ich könnte kündigen. Ich könnte ihn anzeigen. Ich könnte mit den Kollegen sprechen. Und zwar nicht, weil Sie gegen etwas kämpfen, sondern weil Sie die Bedingungen Ihres Lebens verbessern wollen. Sehen Sie den Unterschied?

Machen wir es noch klarer: Sie wollen joggen gehen und plötzlich regnet es draußen. Unangenehm. Was hilft es jedoch, sich gegen den Regen zu positionieren? Schimpfen Sie ruhig darüber, dass es draußen ungemütlich ist, und spüren Sie dann in sich hinein, was durch Ihren Widerstand geschieht. Mit etwas Neugier könnten Sie dann umschalten und nur für einen Moment den inneren Kampf vergessen. „Es regnet – na und?!" Wie fühlen Sie sich dann? Haben Sie neue Ideen, wenn Sie Ihre Energie nicht mehr damit verschwenden, dagegen zu sein?

Regencape an und los! Positive Musik auf die Ohren und los! Danach ein heißes Bad – herrlich!

Üben Sie, gut für sich selbst zu sorgen

Ach, was für ein herrlicher Tipp, nicht wahr?! Für sich selbst sorgen kann der Mensch nur dann, wenn er weiß, was ihm überhaupt guttut. Allzu oft ist dies völlig unklar, wodurch man schnell in falsche Muster verfallen kann. Alle sagen, Selbstliebe sei der Gang ins Fitnessstudio?

Na gut, dann mache ich das. Alle sagen, Selbstliebe sei das Zubereiten meines Lieblingsgerichts? Okay, ich versuche es. Alle sagen, zur Selbstliebe gehöre, anderen Menschen nicht mehr zu helfen? Dann lasse ich das ab sofort! Nein. Das ist es nicht, worum es bei Selbstliebe geht.

Natürlich kann es sein, dass es Ihnen innen und außen wahnsinnig guttut, zwei Stunden im Fitnessstudio zu verbringen. Sollte dem so sein: bitte schön, tun Sie sich keinen Zwang an! Aber viel wichtiger ist, die inneren Anteile der eigenen Persönlichkeit lieben zu lernen. Üben Sie deshalb, sich selbst und Ihre Gefühle wahrzunehmen. Das geht am einfachsten über Körperempfindungen. „Ich bin wütend auf Carsten, weil er mir schon wieder so viel Arbeit aufgehalst hat!" – Wo spüren Sie diese Wut in Ihrem Körper? Wo sitzt sie? Was geschieht, wenn Sie sich dieser Wut zuwenden und sie da sein lassen? Welche neuen Gedanken ergeben sich, wenn Sie sich Ihrem inneren Selbst zuwenden?

Dann kann es sein, dass sie nach zwei Minuten des In-Sich-Gehens mit völlig klarem Kopf und stabiler Stimme sagen können: „Carsten, ich übernehme diese Aufgaben nicht." Ohne Wut, ohne Kampf, ohne dieses zwanghafte „Ich muss jetzt für mich sorgen!". Liebevoll und klar Grenzen setzen. Das ist Selbstliebe, das ist aktives gut für sich selbst Sorgen.

Anderes Beispiel: Sie haben totale Lust auf eine Wanderung. Ihr Partner sagt Ihnen kurzfristig, dass er doch nicht mitkommen will und fragt, ob Sie nicht auch bereit wären, mit ihm einen Tag auf der Couch zu verbringen. Spüren Sie in sich, welche Körperempfindungen sich aus dieser Situation ergeben.

Wo sitzen Ihre Gefühle? Und dann: was will ich? Wo stehe ich? Wenn es Ihr tiefer Wunsch ist, in die Berge aufzubrechen, dann tun Sie dies auch ohne Ihren Partner. Sie können für sich sorgen und sagen „Schatz, das ist lieb, aber ich mag heute die Aussicht genießen und frische Luft schnappen. Bis später!"

11. Warum ist gesunder Schlaf so wichtig für einen hochsensiblen Menschen?

Bevor das nächste Kapitel von der Hilfe zur Selbsthilfe für eine hochsensible Person handelt, soll es nun um die Wichtigkeit von Schlaf für einen hochsensiblen Menschen gehen.

‚Schlaf ist wichtig'. Das bekommen wir von unseren Eltern schon seit Kindheitstagen gesagt. Dass das stimmt, daran ist nicht zu zweifeln, doch die wenigsten von uns wissen, wie wirklich wichtig ein gesunder Schlaf tatsächlich ist, wie er unser ganzes Leben, sowohl positiv wie auch negativ, beeinflussen kann.
Lassen Sie uns das etwas genauer ansehen und beginnen wir mit der Theorie des Schlafforschers ‚Dr. Michael Breus'. Laut des Wissenschaftlers kann man jedem Menschen eines von vier Tieren (Bär, Löwe, Wolf und Delfin) zuordnen, die Zuordnung geschieht durch einen Selbsttest, den Sie beispielsweise im Internet finden können, wenn Sie nach ‚thepowerofwhenquiz' suchen. Je nachdem, welchem Tier Sie sich zugeordnet haben, gibt es einen speziellen Tagesplan, wann Sie was am besten machen sollten, damit Sie am gesündesten, produktivsten und am fittesten sind.

Gerade hochsensible Personen schätzen diese Einordnung sehr, und auch wenn nur minimale Änderungen am Tagesablauf gemacht werden, kann das schon einen gehörigen Unterschied machen. Sollten Sie beispielsweise als Schlaftyp Löwe sein, wachen Sie relativ früh auf, haben sehr viel Energie und Tatendrang zu dieser Zeit. Je später der Tag wird, desto erschöpfter werden Sie.

Der Typ Löwe sollte dementsprechend früh anfangen, zu arbeiten und produktiv zu sein, um sich dann, wenn er natürlicherweise müde wird, ausruhen und entspannen zu können. Die Tabelle, welcher Typ was machen sollte, finden Sie, wenn Sie im Internet ‚The ideal sleep routine for every type of person' eingeben.

Über das Ganze hat der Schlafforscher ebenso ein Buch geschrieben, sollten Sie sich mit dem Thema etwas genauer auseinandersetzen wollen.

Sie brauchen noch einen weiteren Grund, um von der Wichtigkeit von Schlaf überzeugt zu sein? Laut einiger Studien erhöht dauerhafter Schlafentzug die Wahrscheinlichkeit erheblich, später einmal an Alzheimer zu erkranken. Da es für dieses Krankheit momentan leider noch kein wirkliches Heilmittel gibt, sollte es in Ihrem eigenen Interesse liegen, für einen ausreichend gesunden Schlaf zu sorgen.

12. Selbsthilfe für HSP

Wenn Sie die kleinen Übungen des vorigen Kapitels in Ihr Leben integrieren, machen Sie sicher schon massive Schritte in Richtung innerer Stabilität. Mir ist jedoch an dieser Stelle noch einmal wichtig zu betonen, dass es niemals darum geht, Hochsensibilität weghaben zu wollen. Gegen sie zu arbeiten. Sie aus dem eigenen Leben zu verdrängen.

Es ist gut, hochsensibel zu sein, denn die daraus entstehenden Vorteile wollen Sie doch nicht missen, oder?! Wie finden Sie also einen Weg, gut mit Ihrer Besonderheit zu leben? Vielleicht sogar persönliches Kapital daraus zu schlagen? Einige Übungen, Gedankenanstöße und Tipps finden Sie hier. Prüfen Sie wieder, welcher Input sich für Sie stimmig anfühlt und was dagegen nicht mit Ihnen in Resonanz geht. Nicht alle Tipps sind hilfreich für jede HSP, da es immer ganz davon abhängt, wie sich die Hochsensibilität zeigt und als wie belastend sie wahrgenommen wird.

Untersuchen Sie sich auf Hochsensibilität

Es ist für die meisten Menschen ein Segen, wenn Sie sich darüber klar werden, dass sie nicht völlig verschroben oder irgendwie verrückt sind, sondern einfach nur hochsensibel. Der allererste Schritt in ein entspannteres Dasein ist also das Wissen um diese Begabung, die man mit sich herumträgt.

Wer im Unklarem herumstochert und sich nie ganz sicher ist, wo er selbst eigentlich steht, macht sich nur noch mehr Stress. Also: prüfen, ob im Internet oder bei ausgebildetem Fachpersonal, anschauen, klar werden.

Schaffen Sie einen klaren Rahmen

Sie dürfen sich eine Weile lang etwas genauer beobachten und dabei lernen, wie Ihr persönlicher „Lebensrahmen" aussehen soll. Stellen Sie sich Fragen wie

Was tut mir gut, um meine Batterien aufzuladen?
Was zieht mir Energie und kostet Kraft?
Wo sind meine Grenzen?
Wie reagiere ich, wenn ich meine Grenzen übergehe?
An welcher Stelle in meinem Leben entstehen die größten Konflikte?

Schreiben Sie ruhig die Fragen und die dazugehörigen Antworten auf (Klarheit schaffen kann so einfach sein). Wenn Sie Fragen wie diese für sich beantworten konnten, haben Sie viel gelernt. Zu erkennen, wie Sie auf Überstimulation reagieren, kann Ihnen dazu verhelfen, ein eigenes Frühwarnsystem zu etablieren und damit sich selbst und den Menschen um Sie herum zu helfen. „Ah, ich merke, dass ich schon wieder schlechte Laune bekomme. Das kenne ich, das passiert immer, wenn es mir zu viel wird. Was kann ich also jetzt für mich tun?" – Verstehen Sie, was gemeint ist?

Sie sollten sich selbst entdecken, um einen guten Umgang mit Ihrer Hochsensibilität finden zu können.

Reden Sie mit Ihren Lieben

Wenn Sie kapiert haben, dass sie zu den Menschen gehören, die viel mehr wahrnehmen als andere, sollten Sie dieses Wissen nicht für sich behalten. Erzählen Sie den Menschen in Ihrer engsten Umgebung davon, was Sie bewegt. Mag sein, dass Ihr Partner sich schon oft gefragt hat, wieso Sie so angespannt sind, wenn Sie gemeinsam essen gehen.

Dass neben den Geräuschen, Gerüchen und visuellen Eindrücken sein liebevoll gemeintes Über-den-Arm-Streicheln für Sie puren Stress bedeutet, konnte er nicht sehen. Es wird Ihnen und Ihren Lieben guttun, Klarheit zu bekommen. „Ach, deshalb musst du ständig lüften!", „Ach, jetzt verstehe ich, wieso du nach einer halben Stunde Shopping immer nach Hause willst!", oder „Gut zu wissen, ich habe mich schon immer gefragt, warum du so wahnsinnig empfindlich reagierst, wenn ich dich bei der Arbeit störe.", könnten Aussagen sein, die Ihnen bald zu Ohren kommen werden.

Auch hier hilft Humor wieder ein gutes Stückchen weiter. Erzählen Sie von sich, seien Sie offensiv, sorgen Sie für Klarheit.

Grenzen der anderen akzeptieren

Wenn Ihr Gegenüber nun weiß, dass Sie hochsensibel sind, ist schon viel Klarheit geschaffen. Allerdings kann durchaus vorkommen, dass es Charakterzüge an Ihnen gibt, die Ihr Partner oder Ihre Kinder nicht so ohne Weiteres hinnehmen wollen. Es könnte sein, dass Ihre Hochsensibilität die anderen für deren Begriffe zu sehr einschränkt.

Deshalb ist Klarheit auch vonseiten der Nichthochsensiblen wichtig und wertvoll. Fragen Sie daher ruhig nach: Gibt es etwas, das du mit mir nicht machen kannst und findest du eine Möglichkeit, diese Dinge mit jemand anderem zu erleben? Wie viel Rücksicht bist du im Alltag bereit zu nehmen?

Wo sind deine Grenzen? Fragen wie diese öffnen den Dialog und lassen Ihren Partner wissen, dass auch sein Befinden eine Rolle spielt.

Terminkalender anpassen

Vielleicht haben Sie bisher viel zu viele Termine wahrgenommen und sich dadurch immer wieder einer akuten Reizüberflutung ausgesetzt. Üben Sie sich darin, nur noch so viele Termine anzusetzen, wie Ihr Wohlbefinden zulässt.

Es könnte sein, dass sich ganz neue Wege ergeben, wenn Sie erstmal anfangen, Ihren Terminkalender übersichtlicher zu gestalten. Auch Pausen sind wichtig und sollten in ausreichender Menge vorhanden sein. Kennen Sie diese Termine, auf die man eigentlich gar nicht so richtig viel Lust hat, die man aber wahrnimmt – meist in dem Zeitfenster, das von anderen vorgegeben wird? Probieren Sie mal aus was passiert, wenn Sie ehrlich sagen „Du, das ist mir zu viel an dem Tag. Können wir uns zwei Tage später treffen und dieses Projekt besprechen? Bei mir ginge Donnerstag um 16 Uhr." – Wie reagiert der andere? Womöglich stimmt er einfach zu.

Auch wenn Sie bisher automatisch dafür gesorgt haben, es den anderen recht zu machen, und durch die Einfachheit des neuen Vorgehens Ihr altes Muster im Kopf dadurch etwas durcheinander gebracht werden könnte...

Achtsamkeitsübungen sind ein wichtiger Aspekt

Im vorigen Kapitel ging es bereits darum, den eigenen Körper und dessen Empfindungen kennenzulernen, um dadurch den Bezug zur Gefühlswelt (wieder) aufbauen zu können. Es gibt die vielfältigsten Achtsamkeitsübungen, die einem dabei helfen können, innerlich etwas ruhiger zu werden.

Das Beste: nachgewiesenermaßen hat zum Beispiel die Meditation eine erhebliche Auswirkung auf unser Gehirn. Auch, wenn wir gerade nicht schweigend in der Ecke sitzen und die Augen geschlossen haben. Meditation verändert die Hirnströme und einzelne Gehirnareale, sodass es mit der Zeit immer einfacher wird, ruhig zu werden. Achtsamkeitsübungen sind also für Hochsensible überaus wertvoll und sollten dringend in den Alltag integriert werden. Wenn Sie völliger Anfänger sind, können Sie mit fünf Minuten täglich beginnen.

Setzen Sie sich hin und schließen Sie die Augen. Versuchen Sie, sich auf Ihren Atem zu konzentrieren. Wenn die Gedanken abschweifen – was nach weniger Sekunden geschehen wird – holen Sie Ihr Bewusstsein liebevoll wieder zurück zum Atemprozess.

Kommen Gefühle hoch, zum Beispiel das Grollen der Wut im Bauch oder die Enge der Angst im Hals, lassen Sie diese Gefühle und die dazugehörigen Körperempfindungen da sein. Annehmen, was jetzt gerade ist, ist zu Beginn vielleicht nicht einfach, aber umso wirkungsvoller und sehr heilsam.

Sie haben auch die Möglichkeit, einen Spaziergang zu machen und hier zu üben, achtsam zu sein. Sehen Sie sich um und benennen Sie die Dinge, die Ihnen begegnen mit den einfachsten Worten: Baum, Stromkasten, Straße, Laterne, Stein, Blatt, Mauer, Auto, Fahrrad, Wiese, Blume etc.

Auch hier werden Ihre Gedanken abschweifen („Oh Mist, ich habe die E-Mail mit den Rechnungen noch nicht verschickt...") und Sie dürfen sie zurück ins Hier und Jetzt holen, sobald Sie das bemerken.

Gehen Sie sanft mit sich um. Unser Verstand ist wahnsinnig gut trainiert und wurde über Jahrzehnte darauf getrimmt, hart zu arbeiten. Es ist schlicht unmöglich, dass er jetzt einfach so die Klappe hält, nur weil Sie das gerne so hätten. Mit dem Benennen der Dinge, die Ihre Augen sehen können, haben Sie einen Anker, der Ihnen dabei hilft, im gegenwärtigen Moment zu bleiben.

Angelegenheiten klar benennen

HSP neigen dazu, sich in die Probleme anderer Menschen hineinzubegeben und denken schnell, sie müssten die ganze Welt retten. Eine ganz eindeutige Frage, die an dieser Stelle äußerst hilfreich sein kann, lautet: In wessen Angelegenheiten befinde ich mich gerade? Sobald Sie feststellen, dass es nicht ihre eigenen Angelegenheiten sind, in die Sie sich gerade verstricken, üben Sie, Abstand zu nehmen.

Das geht auch liebevoll, hier ist keine Härte oder Strenge vonnöten. Wenn beispielsweise Ihr Sohn durch seine pubertätsbedingte Lustlosigkeit gerade dafür sorgt, die zehnte Klasse nicht zu schaffen, fragen Sie sich: In wessen Angelegenheiten befinde ich mich? Die Antwort ist klar: in denen Ihres Sohnes. Können Sie hier viel ausrichten? Haben Sie hier die Kontrolle? Nein? Na, dann dürfen Sie aufhören, sich hineinzusteigern.

Und verstehen Sie dies bitte nicht falsch: Natürlich ist es wichtig, dass wir Menschen auch gegenseitig Verantwortung übernehmen und uns unterstützen. Wir dürfen füreinander da sein und uns helfen.

Aber: wenn Sie als Elternteil bereits alles getan haben, was in Ihrer Macht steht, der Sprössling aber dennoch nicht beginnt, die Schule ernster zu nehmen, dann ist es enorm wichtig, dass Sie sich zurückziehen aus dem Stress, den Sie sich selbst gemacht haben. Liebevoll Grenzen setzen – in diesem Fall sich selbst und dem eigenen Ego. Und wer weiß? Vielleicht sorgt Ihr Loslassen dafür, dass beim Sohn plötzlich „ein Knopf aufgeht" und er anfängt, die Verantwortung für seine schulischen Leistungen selbst zu übernehmen?!

Zu lernen, in wessen Angelegenheiten man unterwegs ist, ist zu Beginn etwas schwierig. Wer darauf konditioniert ist, überall seine Hilfe anzubieten und sich für andere Menschen einzusetzen, muss zunächst lernen, dass er loslassen darf.

Diese Bewusstwerdung braucht ihre Zeit. Am Anfang ist es schon prima, wenn Sie bemerken, dass Sie sich in den Angelegenheiten anderer Menschen befinden („Ich setze mich jetzt an den PC und suche einen Nachhilfelehrer für meinen 16-jährigen Sohn.") und trotzdem zupacken – das ist in Ordnung. Lassen Sie sich Zeit.

Tagesroutinen etablieren

Fangen Sie damit an, sich ganz bewusst Routinen und Regeln im Tagesablauf zu gönnen. Regelmäßig wiederkehrende Routinen sind nicht nur für hochsensible Kinder Gold wert, sondern auch für hochsensible Erwachsene.

Beispielweise können Sie, wenn dies Ihrem Naturell entspricht und Ihnen guttut, morgens etwas früher aufstehen und bewusst und in Stille den neuen Tag begrüßen. Ohne Handy, ohne Radio, ohne TV oder sonstige Ablenkungen. Machen Sie sich einen Tee, meditieren Sie zehn Minuten, drehen Sie eine Runde um den Block – was auch immer. Abends könnten Sie sich daran gewöhnen, keine Medien und elektronischen Geräte mit ins Schlafzimmer zu nehmen.

Das ewige Scrollen, Wischen oder Glotzen kann in erheblicher Weise dazu führen, dass Sie den Kontakt zu sich selbst verlieren und/oder schlecht schlafen. Lassen Sie das Handy draußen, stellen Sie keinen Fernseher oder Laptop in den Raum, in dem es eigentlich darum geht, zur Ruhe zu kommen. Auch mittags oder zu anderen Tageszeiten haben Sie die Möglichkeit, wiederkehrende Routinen einzuplanen. Machen Sie im Job tatsächlich eine Pause, wenn Mittagszeit ist? Oder sitzen Sie doch am PC und schreiben die eine oder andere Mail, rufen Kunden zurück und/oder beschäftigen sich mit den Problemen und Problemchen der Kollegen? Falls ja: hören Sie bewusst damit auf. Eine Runde laufen, in Stille essen, ein Kaffee draußen auf der Bank vor dem Haus – machen Sie, was Ihnen guttut und wiederholen Sie diese Routine jeden Tag. Das schafft innere Sicherheit.

Sie können sich daran festhalten, dass bestimmte Fixpunkte jeden Tag gelten und für Ruhe sorgen.

Weitere Aspekte...

Suchen Sie sich ein Hobby.

Bestenfalls eins das Ihre Talente fördert. Sind Sie, wie die meisten HSP, künstlerisch talentiert? Dann suchen Sie sich einen Malkurs, gehen Sie in eine Tanzgruppe, besuchen Sie ein Schnitzseminar oder werden Sie Mitglied im örtlichen Chor.

Das, was Sie gerne tun, und was Ihnen dabei hilft, zur Ruhe zu kommen, sollte unbedingt seinen Raum in Ihrem Leben bekommen. Wir nehmen uns ja auch Zeit für die Kinder, den Partner, die Freunde, den Job und die Verwandten, richtig? Warum dann nicht für uns selbst? Ein Hobby, das Spaß macht und Ihre Talente fördert, ist wie ein wöchentlicher Anker, von dem Sie wissen, dass er Ihre Akkus aufladen wird. Und das ist eine wichtige Aussicht, ein sehr hilfreiches Instrument im stressigen Alltag.

Fördern Sie Ihre körperliche Kraft.

HSP sind in der Regel Menschen, die eine gewisse Instabilität in sich tragen und diese unbewusst nach außen zeigen. Das heißt, Hochsensible treten meist nicht mit der Aufrichtung und Selbstverständlichkeit auf, die anderen Menschen gegeben ist. Es kann deshalb wunderbar unterstützend sein, einen Selbstverteidigungskurs oder Ähnliches zu besuchen.

Dies hat sogar mehrere Gründe: 1. Sie bekommen ein gutes Gespür für Ihren Körper. 2. Sie lernen, sich in brenzligen Situationen körperlich zu behaupten. 3. Ihr Selbstbewusstsein wird automatisch gestärkt. 4. Sie haben Kontakt zu Menschen, die Ihr Hobby teilen. 5. Der sehr respektvolle und bewusste Umgang untereinander, der in allen guten Selbstverteidigungskursen nebenbei gelehrt wird, tut der Seele gut.

Alles Vorteile, die HSP zugutekommen. Außerdem haben Hochsensible oft ein Problem damit, die eigene Wut in konstruktive Bahnen zu lenken – auch das wird im Selbstverteidigungskurs nebenbei geschehen und stellt somit eine Möglichkeit dar, sich auf körperlicher Ebene und in gesundem Rahmen auszupowern. Macht Sinn, oder?!

Dann suchen Sie sich einen guten Kurs, fragen Sie andere Menschen nach deren Erfahrungen und haben Sie Spaß daran, auch in diesem Bereich viel Neues über sich selbst zu lernen.

<u>Machen Sie es sich schön.</u>

Manche Menschen vergessen vor lauter Reizüberflutung, wie wichtig es ist, ein Zuhause zu haben, in dem man sich rundum wohlfühlt. Alles ist wichtiger als die eigenen vier Wände. Dabei bedeutet es gerade für Hochsensible viel, wie ihre Umgebung beschaffen ist – außerdem sollten die eigenen vier Wände ein sicherer Rückzugsort und ein kleines Paradies sein, in dem man sich gerne aufhält.

Wenn Sie also dazu neigen, sich die heimische Unordnung über den Kopf wachsen zu lassen, sorgen Sie für feste Aufräum- und Putzzeiten: an Tag X wird von dann bis dann saubergemacht. Punkt.

Und wenn jemand an diesem Tag will, dass Sie ihn zum Zahnarzt begleiten oder dass Sie ein Projekt einschieben, setzen Sie Grenzen und sagen „Da kann ich leider nicht. Geht es bei dir an einem anderen Tag?". Es ist wichtig, dass HSP sich zuhause einen Hafen schaffen, in den sie gerne einfahren. Sollte die Aufräum-Problematik in Ihrem Leben nicht stattfinden, zum Beispiel, weil Sie durch ihren Perfektionismus sowieso ständig putzen, sorgen Sie trotzdem dafür, dass es zuhause schön ist.

Die einen lieben Kerzen, die anderen räuchern gern regelmäßig, wieder andere streichen Wände in den Lieblingsfarben oder kaufen sich immer mal wieder kleine Deko-Elemente, die das Herz aufgehen lassen. Was auch immer: Sie haben ein Recht darauf, es sich daheim schön zu machen.

Es ist sogar notwendig, denn ein Zuhause, in dem man sich wohlfühlt und das die innere Haltung widerspiegelt, beruhigt flatterige Gemüter und lässt sie viel leichter entspannen.

Profitieren Sie von Ihren Sinnen.

Wie das geht? Zum Beispiel, indem Sie Ihre feine Nase dazu gebrauchen, die Wirkung ätherischer Öle für sich zu nutzen. Mag sein, dass viele Düfte Ihnen nicht guttun oder unangenehme körperliche Reaktionen hervorrufen. Dennoch gibt es ganz bestimmt Öle, die Sie unterstützen.

Zum Beispiel kann eine HSP enorm davon profitieren, wenn sie sich abends eine Duftlampe mit einigen Tropfen Lavendelöl ins Schlafzimmer stellt. Mögen Sie eher zitronige Düfte, nutzen Sie diese zur Aufhellung der Stimmung. Rosmarin, Zedernholz oder andere Gerüche, die wärmend und klärend auf den menschlichen Organismus wirken, sind hingegen eher defensiv und drängen sich nicht auf. Probieren Sie sich aus!

Auch Cremes, Haut-Öle, Seifen oder andere Kosmetika können danach ausgewählt (oder selbst hergestellt!) werden, wie sie duften. Wenn es Ihnen und Ihrem Körper beispielsweise besonders guttut, morgens eine kleine Massage mit Rosenöl zu bekommen, nutzen Sie Ihre feinen Sinne unbedingt dazu, sich genau dies zu gönnen.

Vielleicht haben Sie auch einen Lieblingskuchen oder ein Lieblingsgericht, in das Sie sich hineinlegen könnten, weil es Ihnen so wahnsinnig gut schmeckt?

Dann kümmern Sie sich immer wieder darum, dass Sie diese Speise essen und genießen können. Die Tatsache, dass Ihre Körpersinne außergewöhnlich intensiv reagieren, kann ein Geschenk sein, mit dem Sie sich jeden Tag beschenken dürfen.

Zeitpuffer erbeten.

Wenn Sie im Kontakt mit Menschen immer wieder das Gefühl haben, in die Ecke gedrängt zu werden, erbeten Sie sich Zeitpuffer. Das mag zu Beginn eine neue und ungewohnte Übung sein, aber genau an dieser Stelle lässt sich viel lernen – nicht nur, wie man selbst dafür sorgt, den Druck rauszunehmen. Oft sind wir in der Opferhaltung gefangen und sagen Dinge wie „Er wollte sofort wissen, ob ich auch dabei sein werde!".

Wessen Angelegenheit ist es, wie schnell das Gegenüber etwas wissen will? Genau: die Angelegenheit dieser Person. Trauen Sie sich, hier Verantwortung für sich zu übernehmen. In solchen Situationen kann es nämlich in Nullkommanichts passieren, dass falsche Entscheidungen getroffen werden.

Das kennen Sie sicher aus Ihrem eigenen Leben. Der banale Satz „Ich möchte mir das gerne überlegen und gebe dir bis XX Bescheid." kann hier Wunder bewirken. Auch schön ist: „Ich möchte mir Zeit nehmen, das zu entscheiden. Im Moment kann ich keine klare Aussage machen.". Sie werden sehen, wie wohltuend es sich anfühlt, die Verantwortung für sich selbst zu übernehmen und sich nicht mehr einem äußeren Druck auszusetzen.

Hören Sie auf Ihren Körper.

Viele Hochsensible haben entweder Lebensmittelunverträglichkeiten oder Allergien. In diesem Fall sagt der Körper eindeutig und in vehementer Form, dass gewisse Dinge einfach gar nicht gehen. Doch auch wenn dies auf Sie nicht zutrifft, kennen Sie bestimmt den Moment, in dem Sie merken, dass Sie sich gerade etwas „reingepfiffen" haben, das Ihnen überhaupt nicht guttut. Neben Zucker, Salz oder zu viel Fett, kann dies oftmals auch Alkohol sein. „Ich weiß eigentlich, dass ich nicht mehr als ein Glas Sekt vertrage.

Gestern Abend habe ich dann doch bei Katjas Party noch einen Cocktail getrunken. Und heute geht es mir richtig mies…". Dies ist ein klassisches Beispiel für die Überschreitung der eigenen – und bekannten! – Grenzen. HSP können dazu neigen, die Grenzen, die der Körper ihnen aufzeigt, genervt zu übergehen oder sogar mittels Medikamente dafür zu sorgen, dass er endlich Ruhe gibt. Dies ist jedoch auf Dauer keine befriedigende Lösung, da es hier immer darum geht, gegen sich selbst zu arbeiten. Eine interessante Übung besteht darin, genauer hinzusehen, welche Lebensmittel und Getränke man konsumiert, was einen dazu antreibt, und wie die Auswirkungen aussehen.

Mag sein, dass Ihre ganze Familie es liebt, beim gemeinsamen Fernsehabend mehrere Tüten Chips und eine große Packung Schokoriegel zu vernichten – und Sie bisher einfach mitgemacht haben. Doch wenn Sie es dann sind, der die ganze Nacht Durst hat und am nächsten Morgen mit Verdauungsprobleme kämpft, dürfen Sie sich überlegen, wie sinnvoll diese Aktion war. Lernen Sie, körperliche Symptome darauf zu prüfen, inwiefern sie mit Ihrer Ernährungsweise zu tun haben könnten. Und stellen Sie dann genau die Gewohnheiten ein, die Ihnen schaden.

13. Unterstützung von außen annehmen

Es gibt wirklich viele Tipps zum Umgang mit der eigenen Hochsensibilität und zur Förderung von Resilienz. All diese Übungen sind hilfreiche Selbsterziehungsmaßnahmen, wenn man so will. Es ist ratsam, sich durch diese Punkte zu arbeiten, um zu lernen, für sich selbst zu sorgen.

Manchmal kann es jedoch sein, dass eine HSP merkt, dass das „irgendwie nicht reicht". Je nachdem, als wie bedrückend, einschränkend oder anstrengend die eigene Hochsensibilität wahrgenommen wird, kann es nötig werden, sich Hilfe von außen zu holen. Im Folgenden finden Sie hierzu einige Tipps und Möglichkeiten.

Therapie

Es gibt Psychotherapeuten, die sich mit Hochsensiblen wunderbar auskennen – vielleicht sogar selbst hochsensibel sind. Einen solchen Therapeuten zu finden wäre natürlich der Jackpot. Denn wer die Symptome und Probleme einer HSP aus dem eigenen Leben kennt, kann tendenziell hilfreichere und zielführendere Maßnahmen anregen als ein Therapeut, der die Hochsensibilität ausschließlich aus dem Lehrbuch kennt. Dennoch: alle professionellen Therapeuten, die durch ihre Sicht von außen vielleicht sogar Aspekte wahrnehmen, die Ihnen bisher verborgen blieben, können helfen, mit dem besonderen Wesenszug gut umzugehen.

Nun denken Sie vielleicht: Aber wenn Hochsensibilität keine Krankheit ist, wieso soll ich dann zur Therapie rennen? Gutes Argument. Der Grund lautet jedoch schlicht und einfach: weil es Ihnen helfen könnte.

Therapeutische Gespräche sind manchmal schon allein deshalb ratsam, weil sie Menschen, die den lieben langen Tag von A nach B springen, jede Woche eine knappe Stunde Zeit bieten, in der es nur um sie selbst geht. Und allein das kann schon viel verändern und zur Selbstreflexion anregen. Dazu ein Gesprächspartner, der die richtigen Fragen stellt, und schon finden Sie leichter Ihren Weg ins Glück. Psychotherapeutische Begleitung ist nicht zwingend eine Maßnahme für psychisch erkrankte Menschen (auch wenn dieses Bild in vielen Köpfen herumspukt). Es geht dabei darum, sich selbst näher zu kommen, alte ungute Muster zu beleuchten und zu erspüren, was man im Leben braucht und will. Eine recht lange Liste verschiedener Therapeuten finden Sie beispielsweise unter www.hochsensibel.org. Doch auch wenn Sie mit Ihrem Hausarzt sprechen, wird er Ihnen wahrscheinlich weiterhelfen und einige Praxen in Ihrer Nähe nennen können.

Gesprächskreis

Wer aktuell keinen Therapeuten findet (die Wartelisten sind lang, das weiß jeder, der sich schon einmal um einen Platz bemüht hat), oder wer lieber keine Psychotherapie besuchen will, kann sich eine HSP-Selbsthilfegruppe oder einen HSP-Gesprächskreis suchen. Mittlerweile gibt es einige Gruppen, die sich dem Thema Hochsensibilität zuwenden und sich dazu austauschen möchten.

Unter fachkundiger Leitung wird besprochen, wie es den einzelnen Mitgliedern geht, welche Probleme sie wahrnehmen und wie sie für sich damit umgehen. Es ist für viele Menschen äußerst hilfreich, im Rahmen einer Gruppe von Menschen, die den gleichen Wesenszug haben, zu hören, wie die anderen damit leben.

Wenn Person A etwas erlebt, dann erzählt sie möglicherweise nur von sich, doch bei Person B leuchtet im Hirn ganz schnell ein Lämpchen mit der Aufschrift „Das kenne ich!" auf. Die Mitglieder dienen sich also gegenseitig als Spiegel und können so erfahren, welche Wege es gibt, mit Problemen oder Unsicherheiten umzugehen. Leider gibt es im Netz keinen Anlaufpunkt, bei dem Sie sich über alle Hochsensiblen-Treffen in der Bundesrepublik informieren könnten.

Auch hier gilt: fragen Sie Ihren Hausarzt oder Therapeuten (falls Sie einen haben), fragen Sie in den sozialen Netzwerken in regionalen Gruppen, oder bemühen Sie Tante Google in Ihrer Region.

Coaching

Coachings unterscheiden sich von der gängigen Psychotherapie vor allem dadurch, dass 1. oft ein einzelner Aspekt im Mittelpunkt steht und 2. in der Regel kaum Rückschau auf die Vergangenheit zum Programm gehört.

Dies macht insofern Sinn, als viele HSP vor allem Probleme im Beruf haben und sich innerhalb eines kurzweiligen Coachings genau damit befassen können. Außerdem geht es vielen Betroffenen wahrscheinlich eher darum, für die Zukunft einen guten Weg zu finden, als in Altem zu kramen und sich damit zu befassen.

Einige Coaches bieten neben persönlichen Treffen auch Onlineprogramme an, mit denen die HSP zuhause je nach persönlichem Bedürfnis einen Schritt nach dem anderen machen und so immer mehr zu sich selbst finden kann. Wichtig ist beim Auswahlverfahren, dass Sie darauf achten, es mit einer qualifizierten Person zu tun zu haben. Bevor Sie für viel Geld ein Coaching kaufen, informieren Sie sich, wie es vergangenen Klienten ging und welche Inhalte Sie zu erwarten haben.

Auch der Werdegang des Coaches kann Aufschluss darüber geben, wie gut oder weniger gut geschult er ist.

Heilpraktiker

Naturheilkunde oder Homöopathie können Ihnen nicht von heute auf morgen dabei helfen, wunderbar mit Ihrer Hochsensibilität umgehen zu können. Zur Unterstützung sind jedoch beide Wege eine Möglichkeit – sofern Sie dafür offen sind.

Ein gut ausgebildeter und erfahrener Heilpraktiker kann durch seine ganzheitliche Betrachtungsweise gut herausfinden, was Sie benötigen und welche Pflanzen Ihnen helfen. Außerdem sind beide Medizinformen für Hochsensible sehr gut geeignet, da sie sanft wirken und auf unterschwelliger Ebene Veränderungen unterstützen.

Bachblüten, Schüsslersalze, klassische Homöopathie, Aromatherapie, Naturheilkunde – es gibt wirklich zahlreiche Auswahlmöglichkeiten. Suchen Sie den für Sie stimmigen Heilpraktiker aus und schauen Sie mal, inwiefern die dortige Therapie Ihnen weiterhilft.

Bücher

Es gibt zahllose Bücher, CDs oder Filmchen im Internet, die sich mit dem Thema Hochsensibilität befassen. Darunter gibt es viel empfehlenswerte Literatur, besonders von geschulten Psychotherapeuten und/oder Hochsensiblen. Auch einige Internetseiten und Blogs liefern tiefgründige und weiterführende Informationen, die Ihnen Denkanstöße und Hilfsmittel an die Hand geben können.

Zum Einstieg möchte ich Ihnen die folgenden Möglichleiten ans Herz legen:

„Hochsensibel. Was tun?" Buch von Sylvia Harke
„zartbesaitet" Buch von Georg Parlow
„von empfindsam bis hochsensibel" Buch von Brigitte Küster
„Proud to be Sensibelchen" Buch von Maria Anna Schwarzberg

Sylvia Harke bietet im Internet außerdem eine sehr ausführliche Informationssammlung an.
www.hsp-academy.de
Der Verein zur Förderung hochsensibler Menschen trägt im Netz ebenfalls fachkundige Facts zur Hochsensibilität zusammen:
www.zartbesaitet.net
Einen interessanten Blog, der beim Lesen auch wunderbar als Spiegel dienen kann, finden Sie unter:
www.zart-stark.de.

14. Bonus: Ruhe finden und das eigene Immunsystem stärken

Dieses Kapitel soll weniger direkt um die Hochsensibilität gehen, sondern dem Leser eine weitere Methodik aufzeigen, welche Möglichkeiten es gibt, die Resilienz im Bereich des Biohacking bzw. der Meditation zu steigern. Vielleicht hat der ein oder andere schon von der Wim-Hof Methode gehört, und für diejenigen, die der Begriff nichts sagt, sollen die folgenden Seiten einen groben Überblick über das Thema darstellen.

Die Wim-Hof Methode, welche in zahlreichen Studien als wirksam erklärt worden ist, besteht in der Basis aus drei Grundpfeilern: Dem Atmen, der Kältetherapie und der mentalen (geistigen) Kraft. Die ersten beiden Aspekte, das Atmen sowie die Kältetherapie, werden nun kurz erläutert.

Das Atmen nach Wim-Hof ist wirklich sehr mächtig, und Sie sollten dies stets im Liegen auf Ihrem Bett durchführen, und nur dort.
Das Atmen hat nicht nur den Benefit, dass Sie nach der Ausführung eine tiefe Ruhe spüren, sondern sich ebenso wesentlich fitter und aktiver über den ganzen Tag hinweg fühlen.
Und so funktioniert das Atmen nach Wim Hof:
Im ersten Schritt sollten Sie es sich so gemütlich wie nur möglich machen. Versuchen Sie, bevor Sie mit der eigentlichen Übung beginnen, ruhig zu werden und gleichmäßig zu atmen. Eine volle Durchführung besteht in der Regel aus drei Runden. Und eine Runde baut sich so auf:

1. Sie atmen 30mal ein- und aus. Dabei achten Sie darauf, dass Sie so tief, wie Sie nur können einatmen (stellen Sie sich vor, wie die Luft von Ihrem Bauch, hoch in die Brust bis ins Gehirn fließt). Anschließend atmen Sie locker aus, und zwar nicht völlig, sondern nur etwa zu 80 Prozent. Wichtig ist, dass Sie zwischen dem Ein- und Ausatmen keine Pausen lassen, das Atmen also eine fließende Bewegung ist. Sollten Ihre Finger zu kitzeln beginnen, oder Sie leicht schummrig werden, keine Sorgen: Das ist vollkommen normal.

2. Anschließend, nachdem Sie das letzte Mal tief ein, und dann ausgeatmet haben, halten Sie die Luft an (genau richtig: Sie atmen aus, und halten die Luft an, ohne vorher noch einmal eingeatmet zu haben). Sie halten die Luft so lange an, bis Sie atmen müssen. Sie werden sehen, dass je öfter Sie die Übung machen, desto länger können Sie die Luft anhalten. Und: Vergessen Sie nicht, die absolute Stille, wenn Sie die Luft anhalten, zu genießen.

3. Wenn Sie nun fühlen, dass Sie wieder einatmen müssen, dann holen Sie ganz tief Luft und halten anschließend den Atmen sofort für 15 Sekunden an (diesmal mit Luft in Ihren Lungen).
Nach den 15 Sekunden atmen Sie locker aus, atmen einige Male tief durch und beginnen auch schon mit der nächsten Runde (siehe 1.).

Sollte die Beschreibung hier für Sie etwas zu abstrakt gewesen sein, finden Sie auf YouTube, wenn Sie Wim-Hof eingeben, eine geführte Videoanleitung, die sehr hilfreich ist und die Sie auf jeden Fall einmal ausprobiert haben sollten.

Die zweite Säule ist die sogenannte Kältetherapie. Damit ist nichts anderes gemeint, als ein tägliches kaltes Duschen. Die wissenschaftlich erwiesenen Vorteile, die sich einstellen können, wenn man seinen Körper regelmäßig Kälte aussetzt, reichen von besserem Schlaf, einem besseren Immunsystem bis hin zu mehr Energie im alltäglichen Leben.

Das kalte Duschen ist nicht immer schön, und gerade am Morgen kostet es einiges an Überwindung, doch es lohnt sich, denn wir können Ihnen versprechen: Das Gefühl, das Sie nach einer kalten Dusche haben, ist unbeschreiblich und hält den ganzen Tag über an.

Mit dem kalten Duschen fangen Sie am besten ganz langsam an, und nähern sich dem Ziel (kein warmes Wasser mehr zu verwenden) langsam, aber stetig. Beginnen Sie mit 10 Sekunden kaltem Wasser, nachdem Sie sich wie gewöhnlich warm geduscht haben. Kurz bevor Sie die Dusche verlassen, stellen Sie das Wasser auf kalt, harren die 10 Sekunden aus und gehen dann aus der Dusche, ohne sich noch einmal warm zu duschen. Sie könnten sich beispielsweise zum Ziel setzen, die ‚kalte Zeit' jede Woche um 10 Sekunden zu erhöhen (1. Woche: 10 Sekunden, 2. Woche: 20 Sekunden, 3. Woche: 30 Sekunden...). Und eines Tages lassen Sie das warme Wasser gänzlich weg, und Duschen nur noch kalt. Sie werden erstaunt sein, welch großen Einfluss eine vermeintlich kleine Sache wie das kalte Duschen für Ihr Leben haben kann.

Zum Schluss möchte noch angemerkt werden, dass ‚Renewed Minds' durch das Vorstellen der Wim-Hof Methode keine Vorteile erhält, nicht gesponsert wurde und die Einschätzung dementsprechend vollkommen neutral und ehrlich zu betrachten ist. Sollten Sie zu dem Thema mehr wissen wollen, können Sie im Internet nach ‚Wim Hof' suchen.

15. Mein HSP-Tagebuch

Auf den nächsten sieben Seiten finden Sie Ihr persönliches Tagebuch für einen Zeitraum von sieben Tagen. Es soll Ihnen als hochsensible Person helfen, Resilienz zu erlernen, indem Sie die Lücken Tag für Tag ausfüllen, und somit die Möglichkeit haben, Ihren eigenen Entwicklungsstand zu reflektieren und sich bewusst zu werden, welche Taktiken Sie schon sehr gut angewandt haben, und an welchen Sie noch arbeiten sollten, da Sie beispielsweise bestimmte Alltagssituation aus der Bahn geworfen haben.

Es ist zudem sehr zu empfehlen, das Tagebuch nicht nur über einen Zeitraum von sieben Tagen auszufüllen, sondern am besten für ‚immer' und konsistent jeden Tag. Je länger Sie Report über sich halten, desto mehr werden Sie merken, wie Sie die Fähigkeit erhalten, sich objektiv einzuschätzen und dementsprechend an sich zu arbeiten, sodass Sie genau das erreichen bzw. sich genauso im Alltag fühlen, was Sie gerne erreichen würden bzw. wie Sie sich gerne fühlen und sehen würden.

Kopieren Sie sich deswegen am besten einige Seiten des Tagebuches oder erstellen Sie sich gerne Ihr eigenes. Wir würden Ihnen empfehlen, auch gleich heute mit der Umsetzung anzufangen! Denn die Selbstreflexion ist eine der stärksten Waffen einer HSP!

Tag Nummer _____

Welche Taktiken in Bezug auf Resilienz steigern habe ich verwendet?

_____

Wie war ich heute mit mir als hochsensible Person zufrieden? Auf was bin ich besonders stolz?

_____

_____

Hat mich etwas im Alltag überfordert? Wie gedenke ich das zu ändern?

_____

Wie geht es mir heute allg.? Veränderungen Vortag?

☺   😐   ☹

_____

Tag Nummer _____

Welche Taktiken in Bezug auf Resilienz steigern habe ich verwendet?

_____

Wie war ich heute mit mir als hochsensible Person zufrieden? Auf was bin ich besonders stolz?

_____

_____

Hat mich etwas im Alltag überfordert? Wie gedenke ich das zu ändern?

_____

Wie geht es mir heute allg.? Veränderungen Vortag?

☺ ☺ ☹

_____

Tag Nummer _____

Welche Taktiken in Bezug auf Resilienz steigern habe ich verwendet?

_____

Wie war ich heute mit mir als hochsensible Person zufrieden? Auf was bin ich besonders stolz?

_____

_____

Hat mich etwas im Alltag überfordert? Wie gedenke ich das zu ändern?

_____

Wie geht es mir heute allg.? Veränderungen Vortag?

☺   😐   ☹

_____

Tag Nummer _____

Welche Taktiken in Bezug auf Resilienz steigern habe ich verwendet?

_____

Wie war ich heute mit mir als hochsensible Person zufrieden? Auf was bin ich besonders stolz?

_____

_____

Hat mich etwas im Alltag überfordert? Wie gedenke ich das zu ändern?

_____

Wie geht es mir heute allg.? Veränderungen Vortag?

☺   ☺   ☹

_____

Tag Nummer _____

Welche Taktiken in Bezug auf Resilienz steigern habe ich verwendet?

_____

Wie war ich heute mit mir als hochsensible Person zufrieden? Auf was bin ich besonders stolz?

_____

_____

Hat mich etwas im Alltag überfordert? Wie gedenke ich das zu ändern?

_____

Wie geht es mir heute allg.? Veränderungen Vortag?

☺   ☺   ☹

_____

Tag Nummer _____

Welche Taktiken in Bezug auf Resilienz steigern habe ich verwendet?

_____

Wie war ich heute mit mir als hochsensible Person zufrieden? Auf was bin ich besonders stolz?

_____

_____

Hat mich etwas im Alltag überfordert? Wie gedenke ich das zu ändern?

_____

Wie geht es mir heute allg.? Veränderungen Vortag?

☺   ☺   ☹

_____

Tag Nummer _____

Welche Taktiken in Bezug auf Resilienz steigern habe ich verwendet?

_____

Wie war ich heute mit mir als hochsensible Person zufrieden? Auf was bin ich besonders stolz?

_____

_____

Hat mich etwas im Alltag überfordert? Wie gedenke ich das zu ändern?

_____

Wie geht es mir heute allg.? Veränderungen Vortag?

☺   ☺   ☹

_____

16. Schlusswort

Wir sind hiermit am Ende dieses kleinen Ratgebers angekommen. Mein Anspruch an meine Worte ist, Ihnen hilfreiche Anregungen, tiefes Hintergrundwissen und vor allem zahlreiche Tipps für den Alltag zu geben. Ich hoffe sehr, dass mir dies gelungen ist und Sie nun klarer sehen als vorher.

Fassen wir noch einmal kurz zusammen, was in diesem Buch von besonderer Bedeutung ist.
Versuchen Sie herauszufinden, ob Sie tatsächlich hochsensibel sind. Falls ja, haben Sie damit zwar noch nichts gewonnen, doch sobald das Kind einen Namen hat, kann man die richtigen Schritte einleiten – und das ist wirklich wichtig. Beginnen Sie dann damit, sich selbst immer besser kennenzulernen.
Vielleicht haben Sie jahrzehntelang gegen die eigenen Wesenszüge gelebt und dauernd versucht, sich selbst zu ändern. In diesem Fall kann es anstrengend sein, neue Wege zu beschreiten – doch geben Sie nicht auf. Je intensiver Sie sich selbst reflektieren und Ihre inneren Vorgänge begreifen, desto leichter wird es Ihnen fallen, gut für sich zu sorgen.

Alles eine Sache der Übung – Sie machen das schon! Mit Sicherheit wird es Ihnen helfen, sich mit anderen Hochsensiblen auszutauschen, denn dann fühlt man sich sehr schnell weniger allein – und das ist Seelenbalsam.

Ich wünsche Ihnen, dass Sie Ihre Hochsensibilität als Geschenk begreifen und damit gut leben lernen.

Nutzen Sie diese Besonderheit, die gerade in der heutigen Welt so wertvoll ist (nicht nur für Sie selbst, sondern auch für die Menschen um Sie herum!). Und lernen Sie, wie Sie Ihre Resilienz steigern können.

Alles Gute!

Zeitfracht Medien GmbH
Ferdinand-Jühlke-Straße 7
99095 Erfurt, Deutschland
produktsicherheit@kolibri360.de